Explore

课程整合下的
学科实践活动探索

鲁爱茹 ◇ 主编

中国书籍出版社
China Book Press

图书在版编目（CIP）数据

课程整合下的学科实践活动探索 / 鲁爱茹主编.--北京：中国书籍出版社，2024.5
ISBN 978-7-5068-9904-8

Ⅰ.①课… Ⅱ.①鲁… Ⅲ.①课程—教学研究—中小学 Ⅳ.①G632.3

中国国家版本馆CIP数据核字(2024)第108484号

课程整合下的学科实践活动探索
鲁爱茹　主编

责任编辑	庞　元
责任印制	孙马飞　马　芝
封面设计	东方美迪
出版发行	中国书籍出版社
地　　址	北京市丰台区三路居路97号（邮编：100073）
电　　话	（010）52257143（总编室）　（010）52257140（发行部）
电子邮箱	eo@chinabp.com.cn
经　　销	全国新华书店
印　　刷	英格拉姆印刷（固安）有限公司
开　　本	787毫米×1092毫米　1/16
字　　数	240千字
印　　张	12.75
版　　次	2024年6月第1版　2024年6月第1次印刷
书　　号	ISBN 978-7-5068-9904-8
定　　价	78.00元

版权所有　翻印必究

课程整合下的学科实践活动探索

主　编：鲁爱茹
副主编：赵春艳
编　委：马思超　张　伟　刘　稳　宋　贺　杨文佳
　　　　冯亚宁　陈　晨　黄再丽　张　迪　夏秀男
　　　　赵毓婷　刘　莹　张　康　高亚楠

为课堂赋能，助力学生全面成长

北京市第二十中学附属实验学校校长　鲁爱茹

北京市第二十中学附属实验学校是一所九年一贯制学校，学校依据教育部义务教育课程方案、北京市、海淀区义务教育课程实施办法，结合"让每一个学生全面而有个性的成长"的办学理念，"建设优质、和谐、创新的海淀北部教育新地标"的办学目标，整体规划学校发展，利用贯通式办学体制的优势，构建了适应学生九年学习生涯的育人课程体系——脊梁课程，围绕"脊梁课程"，学校开启办学探索，随着课程改革的深入，学校的课程实施方案也在不断迭代升级，跨学科主题学习的实践探索是伴随着学校课程建设，学校发展的探索内容之一，在不同发展阶段发挥了积极的作用，促进学校发展、教师发展、学生发展。

学校确立了三个研究方向：学科内整合、学科间整合、跨学科整合。重在打破学科间壁垒，建立基于知识统整的课程形态。实践中，我校教师加强对教材的理解，对教学的设计，对学生的指导，使课堂教学更有张力。学科间的教师自主互动的教研，激发学生主观能动性，使学习变得更加多元，跨学科主题学习通过整合性教学在这一阶段的研究有了初探。

从整合性教学到单元整体教学下"2/3+1/3"课程重构的升级研究，学校全学科、全学段教师联动，彼此借力。教师具有对课程内容进行系统分析的能力，有效开发教材资源的能力，跨学科主题学习、项目式学习的设计与实施的能力，指导学生运用所学的学科知识进行自主实践的能力。统筹、整合、合作、贯通、共享这些行为带来了课程品质的提高，以学生为中心的教学关系的建构。"活动式"学习、"协作式"学习实现了学生学习方式的变革。师生的蝶变为第三阶段的提升性研究奠定了基础，让2022年"双新"落地后的研究走向更快、更高的境地。

2022年4月，"双新"落地。教育部颁发的《义务教育课程方案和课程标准（2022年版）》明确提出"加强课程内容与学生经验、社会生活的联系，强化学科内知识整合，统筹设计综合课程和跨学科主题学习。开展跨学科主题教学，强化课程协同育人功能"。《北京市教育委员会关于印发〈北京市义务教育课程实施办法〉的通知》《海淀区义务教育课程实施办法》下发。作为基层学校，学校领导班子成员积极学习文件、深入解读文件，领会国家、市区的教改精神，结合学校课程方案，快速行动，提炼学校跨学科主题学习的已有经验，让研究升级迭代，进入新赛道。

2022年，我们找到了新的生长点。进行了"整合课程+实践活动"综合课程提升性研究。立足素养导向，以主题或问题引领学生缔结学科知识学习与社会生活、学习生活经验和体验，推进素养时代学习方式的变革。这一阶段，重在以实践活动为主，构建实践型的学科育人方式，全面推进跨学科主题学习。

确立了跨学科实践在学科学习中的核心地位，让其成为学科教学的新常态，成为学习的主路径、主渠道。倡导学生以主动参与、探究发现、交流合作的方式开展学习，培养综合学习、自主建构和实践的意识，发展解决真实情境中综合复杂问题的能力。努力构建学生学习的实践新常态，让学生走出教室，走向更多能够让学习发生的场所，让经历、体验与感受成为学生学习的有效途径。学校各教研组、年级组、备课组以实施流程为依托，不断实践创新，研发了多种跨学科主题学习的实施方法及实施模式。

除了实践探索外，学校坚持顶层设计，为跨学科主题学习的实施提供全方位的保障。学校设置由校长统筹指导，教师与课程发展中心牵头，学段、教研室设计实施，年级组长协调的管理机制，确保课程实施有关联、有层次、有效果，学科与部门联动协同育人。

立足未来思考现在，在人工智能即将全面影响教育教学的新时代，课程建设和课堂教学作为落实新质生产力培养的主阵地，学校聚焦科技创新这一核心载体，以开放创新、大胆探索的态度探索尝试AI+跨学科主题学习、AI+学科教学优化。抓住发展新质生产力的关键：整合科研力量与树立创新理念，建设"新"特色，突出高品"质"，以此激发创新活力，提升创新效能。

在不断深化跨学科主题学习探索实践的过程中,学校将继续秉持因时而变务"实功";因材施教出"实招";因需设定求"实效"的理念,不断促进教育教学高质量发展,构建教育发展新高地。

目 录

为课堂赋能，助力学生全面成长…………………………………………………… 1

创设学习空间，打造实践课堂……………………………………………………… 1

上篇　指向核心素养的学科实践活动

第一章　学科实践的本质及发展…………………………………………………… 2

第二章　素养导向下学科实践活动的探索………………………………………… 11
　　小学道德与法治学科实践活动方式初探………………………… 黄再丽　12
　　初中语文"思维能力"培养的常态课堂教学新路径……………… 杨柳依　19
　　基于创新素养视域的初中数学项目式学习策略探究…………… 夏秀男　25
　　小学语文课程资源整合问题之初探……………………………… 李硕　30

第三章　基于新课标的学科实践活动探索………………………………………… 36
　　课程整合下的数学学科实践活动探索…………………… 赵冉　李宁宁　37
　　传统文化扎染课程融入劳动教育的实践………………………… 刘莹　41
　　基于思维品质培养的初中英语深度阅读实践…………………… 张培培　46

第四章　学科实践活动的实施路径及策略………………………………………… 52

中篇　基于单元整体的学科课程整合

第一章　单元整体的理解及实施……………………………………… 61

第二章　大概念统领的基于主题意义的单元教学………………… 67
基于生命主题的单元视角下学科实践活动 ………………… 周璐璐　71
以学习任务为载体，提升语文核心素养 …………………… 李君　75
新课标视域下数学整合性实践活动的开展策略 …………… 张伟　80
"5E"模式下英语单元整合项目化学习的教学实践 ………… 张悦　84

第三章　以学科实践活动为载体的单元整体作业设计…………… 93
基于学科实践活动的单元整体作业设计 …………………… 张军杰　98
学科整合下的小学语文作业设计及实施 …………………… 李琳月　105

第四章　基于学习任务群的单元整体教学………………………… 112
"整本书阅读"学习任务群实践探索 ………………………… 侯松冰　115
课程整合下的美术学科教学实践
　　——以《故宫之美》大单元教学为例 ………………… 马蕊　120

下篇　新课标视域下的跨学科实践活动

第一章　跨学科的由来、特点及价值……………………………… 129

第二章　跨学科的课程整合实践…………………………………… 133
新课标视域下的课程整合实践活动探索 …………………… 徐菲菲　134
"古典诗词吟唱"跨学科校本课程的开发与实施 ………… 刘青青　138
理性与感性碰撞的教育新路径
　　——"科学＋美育"实践初探 …………………………… 杨蓉　144

第三章　跨学科的教与学实践　　154

单元整体视角下的语文跨学科学习设计　　赵春艳　155

贯通培养下跨学科实践活动的设计与实施　　赵毓婷　160

基于数学核心素养的跨学科主题教学策略　　马丽云　165

依托差异化教学，促进小学英语跨学科主题学习　　伍磊　杨灵　170

文言文中跨学科教学的现状与对策　　刘肖莲　176

第四章　跨学科的实施路径及开发策略　　182

后　记　　187

创设学习空间，打造实践课堂

1949年以来，我国的教学目标经历了三次大方向的转变，从"双基"到"三维目标"再到今天的"核心素养"，显示了国人对教育认识的不断深化。课堂教学逐渐从以知识传授为目的到注重知识的获得过程再到以素养的养成为目的。不断的改革探索取得了实际的成效，但在一线教师的日常教学中，知识本位仍占主导地位，作为知识获得途径的实践过程及蕴含其中的素养养成则被有意无意地忽视。

究其原因，首先是囿于现行制度化教学的规约，比如，在现行教学制度下，教师与学生的关系近似"权威和服从"的状态，教师掌握着正确的答案，也掌握着评价学生答案正确与否的权力，由此，在教学中知识的传授占主导，而作为知识获得的实践过程则是一种从属地位。其次是教学理念的更新换代存在滞后性。目前的课堂普遍还是以"教"为中心的课堂，而"教"所传递的主要是知识，实践并不是教师的"教"所关注的重点。最后则是有效评价机制的缺失。"素质教育""高考评价体系改革"等说法已经提了很多年，但到目前为止，教师和学生依然生活在一个应试的时代，结果性评价仍然是当下评价机制的主要内容，而作为结果性评价的考试所侧重的则是学生能够习得多少知识，知识获得的实践过程很难以量化的题目形式呈现。

学科实践是对教育领域"知行合一"这一古老、长新问题的回应，是在课程探索与教学变革经验基础上实现的育人方式的迭代，试图达成"学科"与"实践学习"相互融通。当前，有关实践性学习方式的教学尝试呈现出简单化操作、程序化探究、零散性实践等样态，其中存在着对实践系统性、学科典型性与活动深刻性等的忽视，也就难以真正厘清学科实践的边界及其学习样态。

学科实践的现实规约，要求实现知识与情境的内在统一、认识与实践的双向互动、感性体验与心智品格的协同发展，促进科学世界与生活世界的生动循环。这就意味着，学科实践是让学生在多元且丰富的知识情境中展开学科问题的探索，要求个体在具体实践中保证学习经验的完整性，在进阶性学习活动中深化学科探究，进而实现真实情境中的知识运用与知识创造。与此相对应，教师要构建一体化的课程指导框架，其中包含以课程统整教材内容和学生素养发展需求，开展长时性、主体化、学科味的实践活动，创设真实且有意义的学习情境，设计进阶性的学科问题与问题链，以推动指向实践学习方式的教学评价等一系列变革。

作为《义务教育课程方案（2022年版）》五个基本原则之一，"变革育人方式，突出实践"不仅是在新的历史起点上落实立德树人根本任务的重要举措，还是对"怎样培养人"这一根本性问题的具体回答。以学科实践为中心，以学科基本思想、基本结构为基础，引领学生"像学科专家一样思考和实践"，这是学校未来需要进一步优化的育人蓝图，也是一次教与学方式的迭代升级。2022年版义务教育课程标准提出了三个导向：素养导向、问题导向、实践导向。无论对于哪一门学科，实践都是促进理论深化的重要途径。作为新时代的教师，怎样树立"实践导向"的理念，开展适合学情又彰显学科本质的教学实践活动呢？

有效的学科实践应更为关注学生需要"学什么"，凸显学生应该"怎么学"，明确学生具体应该"学到什么程度"。"学什么"强调学科核心素养的形成与发展导向；"怎么学"强调学生自主、合作、探究的学习方式；"学到什么程度"，落实"教—学—评"一体化。

在学科育人方式中，教师不再是传统意义上的知识讲授者和评价者，而是学生的引导者和合作者。因此，需要教师从知识的传授者向学生导师和学习伙伴的角色转变。教师需要具备跨学科、多元化的知识背景和丰富的实践经验，以便能够更好地指导学生进行实践活动，激发学生的创造性思维和解决问题的能力。此外，学校也需要提供相应的培训机会，使得每位教师都能够逐步地适应新的角色转变。

学校应该积极利用社会资源，将社会各方面的资源融入到课程设计和实践活动中来，如校企联合实训、创新创业比赛等。此外，学校还可以通过与社会各界人士的交流与合作，为学生提供更多的实践机会和资源，以更好地促进学生的综合素质发展。

　　学科实践育人方式要求学生能够自主学习、自主思考和自主实践。因此，学校需要提供一个宽松的学习环境，在教师指导下，鼓励学生积极参与实践活动，并且对学生的实践过程进行全面的评估和反馈

　　新时代需要新教育。在教育改革的大背景下，改变重知识轻实践的教学应该从以下几个方面着手：一是教学理念层面，要由"教为中心"转向"学为中心"，教师要转变自己的角色，相信学生，让学生去体验知识的获得过程，把静态的知识传授转化为动态的知识习得，引导学生在学的过程中养成正确的价值观、必备品格和关键能力。二是课程建设层面，要着力实施学科核心素养为主导的活动型学科课程，引入典型、真实的情境，设置层层递进的任务，在描述、分析、解释、论证的教学活动中让学生体验知识获得的实践过程。三是教学评价层面，要着力构建促进学生实践能力提高的评价机制，提升过程性评价在终结性评价中所占的比重。在这个过程中，尤其要注意强调实践并不是排斥知识，而是基于实践去获得知识。

上篇　指向核心素养的学科实践活动

第一章　学科实践的本质及发展

一、从学科综合到学科实践

学科综合作为我国课程改革的重要命题，自 1992 年国家教委印发的《九年义务教育全日制小学、初级中学课程计划（试行）》首次明确提出"根据九年义务教育小学阶段、初中阶段的培养目标和儿童、少年身心发育的规律设置课程……以分科课为主，适当设置综合课"开始，全面开启了对学科综合课程的探索与改革。经过三十多年的探索，逐渐形成了具有中国特色的学科综合改革路径。然而，如何实现学科综合与学科分化的结构性平衡，如何处理学科综合育人与学科知识育人的矛盾，如何寻求课程内容组织的学科逻辑与心理逻辑的统一，则成为困扰我国深化课程改革的现实难题。[①] 学科实践是我国课程研究者基于对学科与实践辩证关系的考察，以及对学科实践与课程改革历史的思想根源的梳理，在进一步深化我国课程教学改革的基础上所创生的课程理念及其育人方式。学科实践作为本次新课程方案和新课程标准改革的重要内容，不仅在课程理念上实现了创新，而且为超越学科综合与学科分化的矛盾、提高教育质量提供了理论可能与实践路向。

学科实践的概念从课程理论上缘起于课程研究者所倡导的"学生应该像学科专家从事学科知识研究与探索的方式来学习"。学科实践力图实现学生学习方式与学科特质的深度耦合，强调学生的发展是建立在"模拟学科专家从事学科知识研究与实践的方式进行学习"，即以学科知识的发现、创造及实践应用和学科思维为基础的综合性学习，进而实现学科知识向学生发展的

[①] 陈雪强. 从学科综合到学科实践：新课程标准深化育人方式变革的新路向 [J]. 教育与教学研究，2023（9）：40-47.

教育性转化。"学科实践作为一种学科学习方式，是指向学科核心素养下学习方式的根本变革，以学生主动探索并积极参与学科问题解决的'类实践'学习活动为中心，发挥学科实践之于知识理解、关键能力和素养转化的发展性价值。"学科实践的概念从根本上来源于学科知识与人类实践、学科知识与学生生活的双向互动。从人类知识的发展来看，学科的产生源自人类在不断的认识世界、改造世界的实践活动中逐渐积累、构建的系统化的知识体系，从而为人类进一步丰富和深化人类认识世界、改造世界提供了知识基础和实践工具。而在学校教育中，围绕学科知识与生活世界的相互关系，以学生的知识学习为基础，引导学生以复杂学习情境和高阶思维积极参与学科问题解决，运用学科知识解决学科实践问题，由此实现知识理解、知识应用和知识育人价值的内在转化。学科实践的创新在于突破了传统囿于学科知识教学向学科育人价值与学生发展的教育性转化，实现了学科实践的课程话语与教学理论逻辑的创新。课程教学的实质是以学科知识的"教与学"为基础，实现学生经验与学科知识、学生生活世界与学科认知图式之间的联通，即引导学生基于学科的学习实践活动，将学科知识所蕴含的认识世界、改造世界的思维方式转化为学生发展的内在精神力量，进而推动学科核心素养在课程教学实践的落实落地，促进学生全面发展。

二、学科实践：学科育人方式变革的新方向

落实立德树人根本任务的要求和素养目标的确立，对育人方式、学习方式的变革提出了新的挑战。2022年修订的义务教育课程方案和课程标准，明确提出要以深化教学改革为突破口，强化学科实践，推进育人方式变革。学科实践作为义务教育课程方案与课程标准中的全新概念，解读它至少需要回答如下几个问题：自主、合作、探究的学习方式如何产生？当前在实践中存在哪些问题？学科实践何以代表学科育人的新方向？

2001年教育部颁布的《基础教育课程改革纲要（试行）》传承并强化了20世纪末以"活动"为标志的教学改革经验，强调学习方式的探究转向。课程目标从传统的"双基"拓展为"三维目标"。其中，"过程与方法"指的

是学生学习过程、方式和方法，倡导自主、合作、探究的学习方式。新课程纲要实施二十余年来，"自主、合作、探究"理念得到广泛认同，并在实践中得到较为充分的体现，极大地引领并推动了中小学课堂转型，改变了过去"一言堂""满堂灌"的课堂形态。教师的角色不再仅仅是知识的传授者，同样是活动的设计者、情境的创设者；学生也不再仅仅被动地接受知识，还是知识的主动建构者、团队的积极合作者，学生自主学习、合作探究的积极性和主动性得到极大提升。

然而，与学科育人相匹配的课堂转型并未真正完成。学生的自主性提高了，课堂上的合作、探究活动增加了，但其育人成效依然可疑。事实上，热热闹闹的课堂表象背后普遍存在的问题是，变革后的学习方式缺乏探究严谨性与学科典型性，"虚""假"探究现象十分普遍。出现上述问题至少有两个原因：一是没有澄清这些先进理念的"来源"和"去向"问题，导致实践中的机械套用与盲目滥用，如新课程启动时没有很好地给教师解释清楚为何要把"过程与方法"作为目标，"过程"从哪里来、是什么、到哪里去等问题。二是没有告诉教师将"自主、合作、探究"这样的先进理念与具体学科合二为一的策略和做法。

如何才能让教师感觉到这些先进的课程理念或改革要求与他们有关？如何才能让教师真正理解并落实这些改革理念或要求？2022年新修订的《义务教育课程方案》针对上述揭示出来的"两张皮"问题，在"深化教学改革"部分明确提出：强化学科实践。注重做中学，引导学生参与学科探究活动，经历发现问题、解决问题、建构知识、运用知识的过程，体会学科思想方法。加强知识学习与学生经验、现实生活、社会实践之间的联系，注重真实情境的创设，增强学生认识真实世界、解决真实问题的能力。同样，本次修订的各学科课程标准都把落实立德树人根本任务作为根本，强调学科育人、实践育人，探索与素养目标和课程内容结构化相匹配的学科典型学习方式，推进以学科实践为标志的育人方式变革。[①]

语文学科以语文实践为主线，设计了"语言文字积累与梳理""实用性

---

① 崔允漷.学科实践：学科育人方式变革的新方向[J].现代教学，2023（13-14）：8-9.

阅读与交流""文学阅读与创意表达""思辨性阅读与表达""整本书阅读""跨学科学习"六个语文学习任务群，倡导任务驱动的语文学习；地理学科重视地理实践，推崇"用着地的方式学地理"，以发展地理实践力与人地协调观；历史学科强调通过史料实证的学习方式，以发展唯物史观、时空观念、历史解释与家国情怀；科学学科同样将"探究实践"作为科学课程核心素养之一，加强实验教学，注重科学概念的理解与真实情境的问题解决等。可见，各门学科的努力都是为了用学科自己的语言来落实、表述课程的理念，让"自主、合作、探究"与具体的学科真正实现二合一。

三、学科实践究竟意味着什么？

学科实践是学生学习学科知识、形成学科素养的关键所在。一方面，学科实践是通过实践的方式实现学生对学科知识的学习；另一方面，学科实践是指向学科核心素养的学习方式。通过学科实践，改变学生的学习方式，达到真正的育人目的。新方案与新课标就是要真正实现从学科到人、从知识到素养的转型。因此，理解学科实践的丰富内涵，是推动育人方式变革的根本前提。

马克思主义哲学认为实践是"人能动地改造世界的社会性的物质活动"，讨论了实践的本质问题。实践活动体现着人的自主性、能动性、创造性。在教育活动中，学科实践体现为"做中学"。教师要充分认识到学生的潜力和能力，引导学生积极参与到学科探究活动中，敢于"放手"，信任学生，给学生学习、探索的时间和空间，注重学生的实践过程。这也验证了实践活动可以使人的潜在的、可能的因素转化为现实性的力量，进而实现个性的发展。

学科实践中的"学科"指的是学科知识体系。它既要适合学习者身心发展各阶段的要求，又要达到学校教学的目标，它的内容还要能反映科学研究的最新成果。因而，新方案与新课标中的"学科实践"在一定程度上反映了新时代的课程变革旨趣——把实践融入到各学科中来，使学生在课程实施的具体实践情境中实现个性的成长和完善，强调学生在课程变革中的主体性和创造性，促进学生个性的自由与解放。

（一）学科知识与学科实践

学科知识在学生学习和发展的过程中，发挥了重要的基础作用，对学生实践有指导和改造功能；学科实践是学生通过实践的方式去学习、体验各门课程知识，此时的学习是一个实践和创新的过程。学科实践不仅倡导"做中学"，还要"用中学""创中学"。如在数学教学中，要注重学科知识与学生生活实际的联系，让学生体验到生活中处处有数学，学习时间、测量等知识可以让学生在生活环境中找到与学科知识相对应的时、分、秒、千米、米、分米、厘米、毫米等知识。学生不仅可以学习和理解学科知识，清楚"知识是什么"的问题，还能激发学生用学科知识创造性地解决更多生活实际问题的兴趣，感受到知识的迁移和创新价值，回答"知识是怎么来"的问题。当然，教学过程中还需要加强对学科实践目标和活动方式的规划、学科之间的联系，还要考虑到学生的年龄特点及其身心发展规律等因素。

（二）学科实践与探究学习

学科实践超越了传统知识授受的学习方式和通用的探究学习，代表学科育人变革的新方向。学科实践注重学科性，因此强调学科实践并不是抛弃"知识"，而是要以一定的知识储备为基础。没有知识的学科实践是浅层的、狭隘的，严格地说，它不是学校教育系统的主流或主体。但知识授受的学习方式以掌握一个个细小的知识点为目标，重视心理过程技能的训练，忽视操控或动手操作的实践学习，学生的主动性不强，且缺乏社会性互动。学科实践更强调实践性，即通过实践获取、理解、应用与运用知识，倡导学生在实践中建构、巩固、创新与分享自己的学科知识。学科实践不仅要求学生具有强烈的自主性，而且强调真实的社会性。

探究学习的本意是模拟学科专家进行科研的过程，虽然不要求学生通过探究获得全新创见，但希望能够通过探究的过程使学生理解和运用知识，感受知识创生、验证、传播与分享的过程。从这个意义来说，探究学习本质上也是一种实践形式。然而，从科学家的专业探究到一种通用的学习方式，这中间的理论空白没有得到阐释。这导致在操作中容易演变成浅层次的行动，探究活动数量多、质量低，重结果轻过程，重程式轻内容；而且，作为一种通用的学习模式，探究学习的学科性不强，没有很好地与学科融合，也就是说没有"学科味"，成了解决学习方式问题的"万灵药"。正因为探究学习没有很好地与学科结合起来，而且呈现给教师的探究学习大都以"探究五步法""科学探究七要素或程序"这样的程式出现，因此教师在实施探究学习时关注更多的是上述步骤与程式有没有完成，而不是探究本身的目的与意义。学科实践从理论上回答了学习方式变革的"来源"和"去向"问题，学科的产生与发展寓于实践当中，最后的目的也是为了更好地服务于实践，学科实践强调真实情境下的问题解决，全方位指向素养目标。值得一提的是，学科实践并非对探究学习的否定和取代，而是体现了我国课程改革对学科教育理解的进一步深化，呼唤"源于实践、在实践中、为了实践"的真正的学科探究。

（三）学科实践与学科核心素养

核心素养是课程育人价值的集中体现。核心素养具有三个方面的核心内涵，即价值观念、关键能力和必备品格。培养德智体美劳全面发展的社会主义建设者和接班人就是正确价值观，因为成为德智体美劳全面发展的人才有价值，成为社会主义建设者和接班人才有价值。根据习近平总书记提出的"三有"育人目标，有理想、有担当就是必备品格，因为有理想才有动力，有担当才有意义，有本领则是关键能力，有本领才能担当起社会主义建设的重任。各门学科课程也有要培养的学科核心素养。如义务教育语文课程培养的核心素养，是学生在积极的语文实践活动中积累、建构并在真实的语言运用情境中表现出来的，是文化自信和语言运用、思维能力、审美创造的综合体现。其中审美创造就是正确价值观，文化自信就是必备品格，语言运用和思维能力则是关键能力。就各个教学内容而言，每一个知识与能力点也有其具体的核心素养。如语文学习中学会委婉表达是对人的尊重，需要构建和谐的人际关系，这是正确价值观和必备品格，而学会委婉表达也是语文关键能力。

核心素养主要解决的是"培养什么人"的问题。党的二十大报告中明确提出了"着力造就拔尖创新人才"，这是对培养和提升学生核心素养的时代要求，体现了核心素养要以人的发展为中心。那么，学科实践和学科核心素养的关系就表现为学科实践是学科核心素养形成的路径，即学科实践将学科知识转化为了学科核心素养，学科核心素养导向的教学观则倡导通过对学生开展学科知识教育，实现人的价值观、内在品格和能力的形成。这里的"价值观""品格"和"能力"虽然是通过学科实践、综合学习等方式获得的，但是形成的素养却不能限定于某一学科。如《义务教育语文课程标准（2022年版）》中指出"语文课程培养的核心素养是文化自信和语言运用、思维能力、审美创造的综合体现"。于是，核心素养的养成体现了课程设计的基本理念：要求建立学科素养型目标体系、发挥语文知识的连贯性和适应性、突出内容的时代性和典范性、育人价值的全面性。课程实施的情境性和实践性、课程评价的过程性和整体性则指明了发展学生未来学习和生活所需的基本核心素养的路径。知识学习与价值教育要在学生的身上得到有机融合，学科实践要发挥出多方面的育人价值。

可见，学科实践不仅传递了学生核心素养形成、发展所需要的知识，还体现了教学过程要真正成为核心素养形成过程的时代特点。强化学科实践，构建实践型的学科育人方式将是新时代教学改革的核心。

（四）学科实践的"四个统一"

学科实践作为学习方式变革的突破口，为核心素养时代回答学科如何育人问题提供了新的范式。所谓学科实践，指的是具有学科意蕴的典型实践，即学科专业共同体怀着共享的愿景与价值观，运用该学科的概念、思想与工具，整合心理过程与操控技能，解决真实情境中问题的一套典型做法。就学科与实践的辩证关系而言，学科成于专业的实践，在实践中得以发展，反过来又促进人类实践的改善。

学科实践的内涵集中体现在"四个统一"。

一是理论与实践的统一。学生亲自参与实践，在实践中亲身经历知识产生的历程，是书本上的命题、理论更好地变成真正被理解、属于自己的知识的重要途径；学习知识又是为了更好地参与实践，通过参与实践又可以进一步反思、重构学科知识。学科实践是理论与实践的统一，是从直接经验中获取知识的过程。"教育是在经验中、由于经验和为着经验的。"正如杜威所说，教育发生在经验中，经验是教育的来源，而教育的目标也是经验的不断生长。一方面，学生只有亲自参与实践，在实践中经历知识产生的过程，"学了"才能变成"学会"，书本上的知识才能真正被理解，成为属于自己的知识。另一方面，学习知识就是为了更好地指导实践。在实践中，学生也能进一步反思、重构学科知识。也就是说，学科实践正是一种知行合一的教与学过程。

二是真理性（求知）与价值性（育人）的统一。学科实践不仅要求学生通过实践掌握必要的学科知识，建立正确的学科方法与观念，自觉运用学科思维探索世界、求索真理，而且可以在真实性实践中培养学生解决问题的能力，可以在社会性互动中回应人生、幸福、道德等价值关切。学科实践是求知与育人的统一，是知识接受与探究学习的超越。求知与育人的分裂、高分低能的现状都是教育需要直面的问题。而学科实践既包含了求知维度，要求学生通过实践掌握必要的学科知识，建立完善的学科体系，又强调自觉运用学科思维探索世界。学生在实践中学习学科、在学习学科中积极实践，这样的过程并不是抛弃知识，而是抛弃了"重知轻行"这一陈旧的学习方式。学科知识储备是基础，但学科实践更强调通过亲身体验获取、理解、运用知识，倡导学生在实践中巩固、建构、完善自己的学科知识。以往的探究活动尽管数量不少，但质量不高，重结果轻过程的现象突出。学科实践从理论上回答了探究的来源和去向，将学科的产生与发展寓于实践当中，最后的目的也是为了更好地服务于实践。探究是一种实践形式，学科实践正是符合学科性质、形式丰富的学习方式，是对传统探究学习的超越。

三是特殊性（学科）与普遍性（跨学科）的统一。学科实践的内容既包括该学科独有的部分，如学科内容、学科核心观念、学科思想方法等，也包括在实践推进过程中突破本学科边界，与其他学科相关联的跨学科共通的范式和概念等，甚至会延伸到社会生活之中，消融学科实践与生活实践的边界。

四是个体性与社会性的统一。学科实践首先是个体的实践——亲自投身实践，验证命题性知识，从而真正掌握知识；学科实践也必然是共同体实践——在信息时代，知识内容及结构的复杂性，知识更新速度愈来愈快，问题的解决需要学科共同体的共同努力，乃至超越学科范畴成为实践共同体的共同努力。

学科实践注重用学科特有的方式学习学科知识，提升学科核心素养。实践不是盲目展开的，必须体现学科性。这里既包括学科特有的内容、核心观念、思想方法等，又包括在实践推进过程中必定会突破的学科边界、跨学科的范式和概念。可见，学科实践改变了传统知识传授的一般模式，让学生在有着学科特征的实践探索中找到知识的来龙去脉，获得学科核心素养的提升。学科实践本质上就是要求用学科独特的方式来学习学科。为此，尊重并彰显学科的独特性，体现学科的"精气神"，实现教与学的升级，才是学科实践的核心。

第二章　素养导向下学科实践活动的探索

当前，教育功利化、短视化问题还没有得到根本解决，科学的教育政绩观还未完全建立，社会依然过度关注升学率，唯分数、唯升学等"五唯"顽疾还没有完全根除。所以，学校和教师不敢把更多的时间放到学科实践活动中去。同时，如果离开了各学科素养导向的基础，没有适合学情实际的问题贯穿其中，这种流于形式的教学实践活动也难以触及学科素养本质，难以解决实际问题，难以促进教学理论深化。因此，学科实践活动要在教师的指导下，基于学生经验，由学生自主进行，体现对知识的综合应用。结合义务教育课程标准素养、问题、实践三个导向的要求，彰显学科本质的教学实践活动应以学科素养为基础，带着问题去实践。

一是把握学科素养，夯实学科实践活动基础。在设计学科实践活动时，应结合教学内容和教学目标，考虑学生的兴趣和实际情况，根据各学科素养要求，确定一个具有实践性和创新性的主题，设计出符合学生特点和实际情况的活动。可以采用实验、观察、调查、探究、模拟等多种形式，让学生在实践中掌握知识和技能，提高实践能力和创新能力。通过学生的主体参与，让学生获得触及学科素养要求的深刻体验，从而使深奥的道理简单化。

二是锚定各学科问题，形成学科实践活动策略。学科实践活动的设计应以问题为导向，结合各学科实际，让学生在实践中发现问题、解决问题，从而深入理解和掌握知识与技能，养成实事求是的科学态度。教师应结合年段和学科内容特点精心设计活动主题，围绕主题引导学生在实践活动去发现、去感悟、去探究，最终达到自己获得问题答案的目的。教师在活动中只是引导者，而学生才是知识的发现者、总结归纳者。

三是契合学科实际，确保学科实践活动适宜。各学科有各自的学科实践要求，教师要让学生在实践中掌握学科知识，同时提高动手能力、创新能力。在活动开展方式上，教师可以根据各学科实际，综合运用研究为主、社会实践和社区活动为主、项目设计和技术实践为主这三种方式。在活动实施过程中，注重加强学生的实践操作，发挥学生的创新思维，培养学生独立、持续探究的兴趣，提高学生发现问题、提出问题和分析问题的能力。

小学道德与法治学科实践活动方式初探

黄再丽

《义务教育课程方案（2022年版）》在第二部分"基本原则"的第五条原则中提出要"变革育人方式，突出实践"，并在第五部分"深化教学改革"中明确提出："强化学科实践。注重'做中学'，引导学生参与学科探究活动，经历发现问题、解决问题、建构知识、运用知识的过程，体会学科思想方法。加强知识学习与学生经验、现实生活、社会实践之间的联系，注重真实情境的创设，增强学生认识真实世界、解决真实问题的能力。"《义务教育道德与法治课程标准（2022年版）》提出要积极探索议题式、体验式、项目式等多种教学方法，引导学生参与体验，促进感悟与建构。要采取热点分析、角色扮演、情境体验、模拟活动等方式，引导学生开展自主探究与合作探究，让学生认识社会。据此，要求一线教师要创新教学方式，变革学习方式，探索核心素养导向下小学道德与法治学科实践活动的方式，实现道德与法治课程铸魂育人，立德树人的目标。

一、运用体验式学习方式开展学科实践活动

"体验"一词《现代汉语词典》是这样解释的：通过实践来认识周围的事物；亲身经历。体验式学习方式就是以培养学生具有独立、自主、创新等主体精神为目标，以营造教学氛围、激发学生情感为主要特点，以学生自我

体验为主要学习方式，力求在师生互动的教学过程中，达到认知过程和情感体验过程的有机结合；激情与明理、导行的相互促进。让学生在体验中学习有关的知识内容，领悟做人道理，选择行为方式，实现"自我教育"。同时在学习的过程中，体验认识提高的快乐，道德向上的快乐，独立创造的快乐，参与合作的快乐。所以说体验式学习就是一种通过老师创造实际或模拟的情境，使学生在亲身经历和充分参与中，获得个人的感悟和经验，建构知识、提升认识、发展能力的学习模式。

在小学道德与法治的课程内容中，很多内容可以运用这样的体验式学习方式开展学科实践活动，这些实践活动可以课上进行也可以在课后开展。比如：在课上，一年级下册第一单元《家人的爱》一课，教师通过创设家长教孩子学走路的情境，让学生体验教孩子学走路的过程，孩子们弯腰弓背计时体验2分钟，学生通过模拟情境体验体会到了家人为自己的成长所付出的艰辛，体会到了家人对自己的爱，从而能够把这份爱反馈到对家人的具体行动之中，知行合一，情感得到了升华。二年级上册《大家排好队》一课，教师通过创设前后两次不同的上台领取物品的情境让学生真实地体验了排队和不排队的不同，真切地体验到还是排队好！从而让学生能够在实际生活中养成自觉排队遵守秩序的好习惯，落实道德修养、法治观念、健全人格、责任意识等方面的核心素养。四年级《我们的衣食之源》一课，教师首先播放插秧的视频，让学生学习插秧的动作要领，同时创设插秧的模拟情境，然后组织学生体验插秧（用围棋子或道具秧苗模拟秧苗）1分钟，学生分两组进行竞赛，看哪个学生插得又快又好。通过体验，学生们纷纷感慨：正因为农民日复一日、年复一年的辛苦劳作，才有了餐桌上丰富的食物，我们要珍惜他们的劳动成果。从而在生活中学生能够自觉珍惜粮食，做到光盘行动，超越情境，化知为行，落实道德与法治学科的核心素养。

在课后，一年级上册第一单元《开开心心上学去》一课，教师为了培养孩子们独立自主收拾书包的能力和习惯，设计了"我是整理书包小达人"主题实践活动，请家长每天监督孩子自己整理小书包，并且把每次用时记录在表格中，坚持4周以后请家长给孩子进行评价。通过这一主题实践活动，孩子们独立自主收拾书包的能力和习惯得以养成，家长也对这一活动给予了很高的评价。以三年级下册第二单元《我在这里长大》为依托，教师设计了"寻找家乡的美"主题实践活动。学生自愿分组，或用PPT的形式介绍家乡的著名景点、特色美食；或用神奇的画笔画出家乡的秀丽山川。五年级下册第二单元《我参与我奉献》一课，教师以"参与公共生活，增强责任意识"为主题设计学科实践活动，组织学生参与各种公益活动服务社会，有些学生进入社区捡拾垃圾，有些学生帮助整理共享单车，还有些学生在各大博物馆为游客进行公益讲解。学生通过志愿服务走向社会，在亲身体验中培养政治认同、道德修养、法治观念、健全人格、责任意识等核心素养。

二、运用议题式学习方式开展学科实践活动

议题式教学是新课标倡导的活动型学科教学的一种方式，是以"议题"为引线，以情境为载体，以活动为路径，以学科知识为中心，以学科素养为培育目标的一种教学方法；也就是把学生置于真实的问题情境中，激发他们为解决问题而思考、探究和学习，从而获得教育者希望他们掌握的知识、技能，形成正确的价值观和态度。

六年级下册第四单元《我们爱和平》一课，结合"中国为和平作贡献"这一内容，为了让学生更加深入理解中国始终坚持走共同发展的道路，通过发展促进和平，构建人类命运共同体的方针。教师以"为什么'一带一路'建设是推动世界和平与发展的重要例证？"为议题切入，带着这个问题一起走进"一带一路"。在学科实践活动中，要求学生通过各种途径特别是中国一带一路网查阅"一带一路"的相关资料，以小组为单位探究以下三个问题：①"一带一路"倡议提出的基本情况；②十年来"一带一路"的建设取得了哪些丰硕成果；③取得丰硕成果的原因。最后采取学生论坛的方式以PPT、手抄报等形式进行分析、展示、宣讲。通过这样一种议题式学科实践活动引导学生理解和体会"一带一路"建设为世界的和平与发展作出的巨大贡献，是推动世界和平与发展的重要例证。从而激发学生热爱和平，实现中华民族伟大复兴的责任感和使命感。再比如，六年级下册第四单元《中国与国际组织》一课，教师以"我国还参加了哪些国际组织？我国在其中起到了怎样的作用？"

为议题切入，带领学生通过搜索和查阅资料了解国际组织的相关知识以及中国的大国担当。

三、运用项目式学习方式开展学科实践活动

项目式学习是以建构主义、发现学习、最近发展区等理论为基础，主张在课程标准与现阶段学情的基础上，从学生真实的现实生活中寻找合适的情境来设计符合课程特点的问题，让学生在自主学习、合作探究中找寻解决问题的合理方案，实现学生多方面发展的教学方法。这样的学习方式也是可以用来开展学科实践活动的。

在教师的启发和引导下，学生以小组为单位进行问题分析、资料收集与整理，再通过小组讨论研究得出相应问题的解决方案，并最终在教师的帮助下修改、完善、确定方案。在整个学习过程中，学生的自主学习、团结配合、人际交往以及语言表达等能力都得到提高和发展。

比如在学习五年级下册《红军不怕远征难》一课时，教师进行了如下学科实践活动设计：

环节一：集体进行长征背景知识的学习	
教师活动 出示全国各地纪念长征的活动图片，提问： 1. 请你说一说人们都在纪念什么？ 2. 红军为什么要进行两万五千里长征？	**学生活动** 结合教材资料找到原因： 井冈山革命根据地建立后，星星之火渐成燎原之势。国民党为了阻止共产党逐步壮大，一次次"围剿"革命根据地，但都被红军粉碎。1934年10月，第五次反"围剿"失败，红军损失惨重，为了保存革命力量，被迫撤出中央革命根据地，踏上了战略转移的漫漫征程。
活动意图说明 由于学生对于长征并不是一无所知，所以首先让学生简单讲讲自己对长征的了解，以及还想了解关于长征的哪些内容。唤醒学生脑海中对于长征的初步印象，在此基础上从学生的未知入手，不仅拉近了学生与这段历史的距离，同时也为之后的探究做好了准备。	

续表

环节二：布置项目式学科实践活动任务1

教师活动	学生活动
1. 提出驱动性问题： 这场远征为什么这么"难"？红军又为什么"不怕"？ 2. 出示项目式学科实践活动主题：红军不怕远征难。 3. 要求学生通过查阅书籍、网络收集大量的资料获取和整理信息。解答驱动型问题，找到长征为什么这么"难"、红军又为什么"不怕"的原因。 4. 出示活动目标和评价量规。	1. 学生进行分组，明确分工。 2. 小组合作探究：学生通过查阅书籍、网络收集大量的资料获取和整理信息。解答驱动性问题，找到长征为什么这么"难"、红军又为什么"不怕"的原因。

活动意图说明

通过项目式学习的方式让学生有更多的机会通过网络、书籍、报刊、纪录片等方式，深入了解长征历史细节，切身感受长征精神内涵，主动积极地获取知识。

环节三：小组讨论进行探究，布置项目式学科实践活动任务2

教师活动	学生活动
1. 教师进行巡视和指导，帮助学生。解答驱动型问题，找到长征为什么这么"难"、红军又为什么"不怕"的原因。 2. 布置项目式学科实践活动任务2：你们将采用什么样的方式来体现长征为什么这么"难"、红军又为什么"不怕"的原因。教师建议可用方式：长征诗歌朗诵、长征故事演绎、演讲等，也可以学生自己创编不同的方式。	1. 学生进行小组合作探究：学生通过查阅书籍、网络收集大量的资料获取和整理信息。解答驱动性问题，找到长征为什么这么"难"、红军又为什么"不怕"的原因。 2. 学生头脑风暴选择将采用什么样的方式来体现长征为什么这么"难"、红军又为什么"不怕"的原因。

活动意图说明

通过项目式学习的方式让学生有更多的机会通过网络、书籍、报刊、纪录片等方式，深入了解长征历史细节，切身感受长征精神内涵，主动积极地获取知识。同时体现教师的主导作用，给予学生更多的选择权利。

环节四：指导学生进行作品的准备和修改

教师活动	学生活动
教师指导学生进行最后作品的修改和排练。	学生选择小组认为最能阐释长征精神的故事或者诗歌进行排演，或是撰写演讲稿。

活动意图说明
通过不断修改和排演锻炼学生收集整理信息的能力、创造力、问题解决能力、合作能力、多媒体技术运用以及人际沟通和协调等能力。

环节五：研究成果展示

教师活动	学生活动
教师组织学生有序进行成果展示，各组进行互评。	学生有序进行成果展示，进行互评。

活动意图说明
学生通过长征诗歌朗诵、长征故事演绎、演讲等方式进行探究成果展示，体会和宣讲长征精神。落实政治认同、道德修养、健康人格、责任意识等核心素养。

项目学习评价设计

量表1

序号	评价内容	成员1	成员2	成员3	成员4
1	学科实践活动过程踊跃参与，表现积极	☆☆☆	☆☆☆	☆☆☆	☆☆☆
2	能提出可行性建议帮助组员解决问题	☆☆☆	☆☆☆	☆☆☆	☆☆☆
3	能够鼓励督促其他组员积极参与项目协作	☆☆☆	☆☆☆	☆☆☆	☆☆☆
4	能够按时完成自己分内的工作和任务	☆☆☆	☆☆☆	☆☆☆	☆☆☆
5	对组内贡献突出	☆☆☆	☆☆☆	☆☆☆	☆☆☆

量表2

评分角度	关键词	具体要求	分值	得分情况(同学)	得分情况(教师)
诗歌	字音	口齿清晰，字正腔圆，流畅自然	15分		
诗歌	句读	句读准确无误	15分		
演绎	情感	声情并茂，情感表达到位	15分		
演绎	仪表	有效使用面部表情、手势等肢体语言；衣着大方，举止得体	20分		
演绎	整体	整体表现自然、自信，全程状态良好，表演流畅	20分		
演绎	精神	演员精神状态饱满，起到震撼人心和精神传递的效果，同时包含践行精神举措的内容	15分		

续表

量表3

评分角度	关键词	具体要求	分值	得分情况 同学	得分情况 教师
故事	主题	主题鲜明，蕴含长征精神内涵	15分		
故事	情节	情节完整，有一定的说服力	15分		
演绎	表演要求	脱稿演绎，语言规范，口齿清晰，普通话标准；表情自然，情绪到位；衣着整洁，仪表举止大方得体	25分		
演绎	现场效果	鼓励使用多媒体辅助演绎，音乐、画面与故事演绎相辅相成，相得益彰	20分		
演绎	精神传递	在演绎过程中能够传递长征精神，潜移默化地浸润听众心灵。同时包含践行精神具体举措	20分		
演绎	时间把握	时间控制在5分钟以内，超过5分钟，每30秒钟扣1分，最多扣5分	5分		

量表4

评分角度	关键词	具体要求	分值	得分情况 同学	得分情况 教师
演讲	字音	口齿清晰，字正腔圆，流畅自然	15分		
演讲	文章	结构完整，逻辑顺畅	15分		
演讲	情感	声情并茂，情感表达到位	15分		
演讲	仪表	有效使用面部表情、手势等肢体语言；衣着大方，举止得体	20分		
演讲	整体	整体表现自然、自信，全程状态良好，表演流畅	20分		
演讲	精神	演员精神状态饱满，起到震撼人心和精神传递的效果，同时包含践行精神举措的内容	15分		

学科实践活动作业与拓展性学习活动设计

学科实践活动作业：完成长征诗歌朗诵、长征故事演绎、长征精神演讲的视频录制。

拓展性学习活动：以现在的真实学习生活为背景，制定传承和践行长征精神的详细措施，拿出自己的实际行动践行伟大的长征精神。将本次项目式学科实践活动在周期外进行延伸，在较长一段时间里关注学生践行精神的真实表现。在录制视频之后，从中挑选优秀作品在微信公众号、各媒体频道等平台进行广泛传播。

在整个学科实践活动的过程中，成果的设计、制作与呈现非常重要，这是学生思维具体化的表现。有效的作品能够反映出学生通过小组配合，能够深入参与到真实情境下解决较为复杂的驱动性问题。通过完成任务，从个人到集体，从初稿到定稿，相信参与的每位学生在创造力、问题解决能力、合作能力以及多媒体技术运用能力方面都已经得到大幅度的提高，甚至部分学生在解决问题的过程中还学会了借助教师、家长、媒体的力量，人际沟通和协调能力也有所提升。学生通过精心挑选一则故事或者一首诗歌，深入挖掘和理解其中的长征精神内涵，并且通过合作将这种情感演绎出来，整个过程会遇到很多的困难，但是同学们能迎难而上，百折不挠，勇往直前，这正是学生通过实践自觉将长征精神内化的外在表现，从而实现了在实践中践行长征精神的学习目标。同时也落实了政治认同、道德修养、健全人格、责任意识等方面的核心素养。

除了以上的学科实践活动方式之外，相信还有更多样的活动方式助力学科实践活动落实小学道德与法治学科核心素养，需要教师在教学实践中继续探索，更加深入的教学研究永远在路上！

初中语文"思维能力"培养的常态课堂教学新路径

杨柳依

当今社会，学生需要适应未来不断变化发展的社会，掌握学习能力、独立思考能力、运用所学知识分析和解决问题的能力、迁移创新能力、交流合作能力等关键能力。根据《义务教育语文课程标准（2022版）》，语文核心素养涉及"文化自信""语言运用""思维能力""审美创造"四个维度。其中，"思维能力"这一维度可谓学生必备能力的基础，从初高衔接的角度看，初中学生的语文学习最终要走向"思维发展与提升"，即"学生在语文学习过程中，通过语言运用，获得直觉思维、形象思维、逻辑思维、辩证思维和创造思维的发展，以及深刻性、敏捷性、灵活性、批判性和独创性等思维品质的提升"。在语文课堂教学中，教师的提问和学生课堂活动尤为重要。因此，本文重点讨论在常规语文课堂教学中，如何利用"曲问"和思维图式来落实"思维发展与提升"这个方面。

一、教师提问的艺术——"曲问"引领思维发展

弗朗西斯·亨金斯曾说"在一个充满优质问题和优质提问方式的课堂气氛中,学生意识到对于他们的学习具有一种共享的责任感"[1]。提问贯穿于课堂教学的各个环节,不仅是语文教师运用最为广泛的教学方法,也是语文教师教学能力的体现。结合听课经验和反思自身教学,发现在实际教学中,教师提问存在问题过多、提问不合适、流于表面等情况。有些问题的答案在课本中一眼就能找到,"含金量"很低,学生只需要照本宣科读出来即可。课堂看起来很热闹,学生的反响也很大,但是学生在整堂课中只是机械式地重复,什么知识都没学到。或者为了活跃课堂气氛不断地提问,没有给学生充足的自主思考消化时间。这样做的结果就是使学生处于低水平的思考中,不利于思维发展。

"曲问"是著名语文教育者钱梦龙在1979年"杜撰"出来的一个名词,他曾经撰文专门讨论"曲问"的艺术,后来逐渐成为一个通用名词。简单地说,"曲问"就是"问在此而意在彼",并不是针对答案直接将问题抛给学生,而是巧妙迂回地引导学生的思维,调动学生的参与性和积极性,通过思考而得到最终的答案。

(一)巧妙生趣,活跃思维

首先,曲问可以在让学生初次接触一些陈述性知识时更巧妙有趣,活跃自身思维。例如,文言文教学中,学生一大困难是对文言词语的理解掌握。在课堂教学中,我们要落实课内文言词语,更要让学生学会迁移运用。学生死记硬背固然有一定作用,却会大大降低学生对文言文学习的兴趣,更失去了掌握陌生文言文文意的最大基础——文言文思维方式。如设计教学《愚公移山》这篇课文,想要落实"且""杂""献疑""孀妻""遗男""叟"这些词语在文中的意思。可以采用如下环节和提问方式。

某同学预习后复述了这个故事。请帮这位同学找出不合文意之处,并改正。

---

[1] 弗朗西斯·亨金斯. 通过有效提问提高思维技巧 [M]. 北京:中国轻工业出版社,2009.

九十多岁的愚公深受山路迂塞之苦，一心想要移山，便召集家人来商量。家人齐声答应，于是祖孙四人备好工具开始去移山，连邻家一个七八岁的小男孩也征得了父母的同意参与其中。面对一个聪明的中年人的阻止，愚公加以有力辩驳。最终移山之事感动天帝，于是天帝命大力神之子搬移了两山。

学生基于注释疏通文意后，对上述文段加以审读，教师就可以逐一追问，如：愚公到底是多少岁？应该怎么改？请在文中找到依据。那么学生自然而然就落实到诸多文言实词虚词的意思上了。

从学生的角度看，词义是自己发现的，在心理上就能够获得自我效能感，从而更积极主动地学习。反之，如果直接将答案抛给学生，学生只能被动地接受，就忽视了学生在认知活动中的主体地位。

（二）创设情境，学以致用

《义务教育语文课程标准（2022版）》在课程理念方面提出："增强课程实施的情境性和实践性，促进学习方式变革。"因此，曲问可以尽可能地贴近生活，创设真实情境，使学生更好更快地梳理正确合理的思维方式。例如，在八上第一单元的新闻学习中，单元整体设计了一个校园公众号编辑部面试海选活动。学生为了成功应聘，需要学习新闻阅读、新闻采访、新闻写作三大模块。在新闻阅读学习模块，以《消息二则》为新闻学习蓝本时，教师可创设一个子情境。

假如你是那个年代的报社编辑，在1949年4月的某天，你收到了《我三十万大军胜利南渡长江》《人民解放军百万大军横渡长江》两则稿件，你立即召集团队开会。请以小组合作的形式，从新闻的要素、消息的结构、语言特点等多个方面研讨这两则消息是否可以发表，并给出合适的理由。

根据这个情境，教师对学生的提问就是在模拟招聘现场。学生这节课就是身临其境地在"面试"，自然而然地学习到了新闻的六要素、倒金字塔结构、语言的准确简练等要点。

又如，在建议书写作的作文写前指导课中，老师需要落实学生的读者意识，也就是移情思维。那是因为从内容上看，建议书就是写信人（提建议者）和收信人之间的带有辩证性质的对话。"对话式思维的本质是真正深入体验不同观点的内在逻辑，这就要求我们以移情方式来就某个问题表达一种以上的观点。这种移情表达可以通过站在他人角度进行思考来实现"[1]。因此，体现在建议书中，良好的移情表达会表现为能站在与自己相反的角度思考问题。教师可以这么提问指引学生：同学们，你们平时和父母说话、和老师说话、和同学说话、和陌生人说话都是一个样的吗？（如果有个别生不明白，可以细致追问：是一个语气，用一样的词吗？）那么学生就会联系生活实际，发觉对话者的不同，需要用不同的语气和用词——对长辈要恭敬有礼，有一些特殊的谦辞敬语；和同辈更加亲密，用词更时尚；和陌生人则要先打招呼，且讲礼貌。接下来，老师就可以转换到建议书写作的语气用词上了：那么给不同的人写信是不是一样讲究这个原则呢？学生写信时的初步的读者意识马上就建立起来了。接下来便顺势让学生思考：如果要你们给校长写一封建议书，要用什么样的语气用词呢？教师在学生写作前的读者意识指导就基本到位了。

二、课堂活动的组织——思维图助力思维提升

当今世界有多种思维可视化工具，如气泡图、思维导图、流程图、树状图、鱼骨图等等。这些思维图都可以帮助人们梳理思路，更清晰地分析各种信息。中学生应该要掌握"形式运算的青少年具备抽象、系统、富于逻辑地思考问题的能力"[2]。因此，在教育领域，思维图也是教师组织课堂教学，提升学生的思维能力，落实核心素养的好帮手。

1. 内容有二元对立的文本，可以运用双气泡图（Double Bubble Maps）

例如，部编版语文七年级下册《说与做》这篇课文就可以运用气泡图，让学生以双气泡图的方式对比文中闻一多先生作为学者和民主战士时"说"和"做"的不同，并梳理出对应的典型事件或细节描写。绘制成双气泡图，可以十分直观地对比闻一多"说"和"做"的不同，教师顺势指导学生思考

---

[1] 詹姆斯·R.戴维斯，布里奇特·D.阿伦德.高效能教学的七种方法[M].广州：华南理工大学出版社，2014：92.

[2] Galotti K M. 认知心理学[M].吴国宏，等译.西安：陕西师范大学出版社，2005：329.

两者之间是否有关联，教师还可以提示学生，将两者共同表现出的人物特点及精神品质梳理在中间。这样绘制成的双气泡图预设如下：

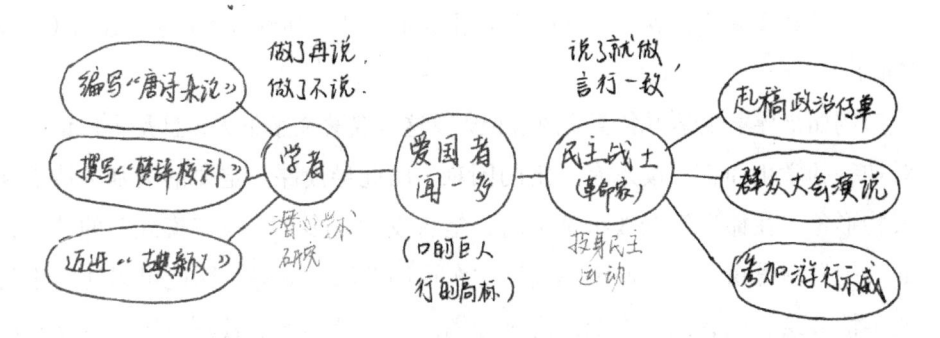

如此利用双气泡图的梳理，更能培养学生的对比思维和关联思维。

2.有多个义项的内容，可以运用概念图（Concept Map）

例如，上一节中，分析了如何讲解文言文词语，不过，文言文中有很多词语是一词多义，每节课会涉及同一个词的不同义项。到复习课，教师便可以组织学生用思维导图梳理各个义项和例句。如落实《愚公移山》中"邻人京城氏之孀妻有遗男"的"遗"一字，不能仅仅落实一个义项。应该结合《涉江采芙蓉》《师说》等其他文本，对其义项从字源出发，加以充分解读——读 yí 的时候，义项有"遗失""放弃""遗失的东西"等——这些义项都和"失"相关；读 wèi 的时候，义项有"赠送"和"给予的东西"——这些义项都和"送"相关。绘制成概念图如下：

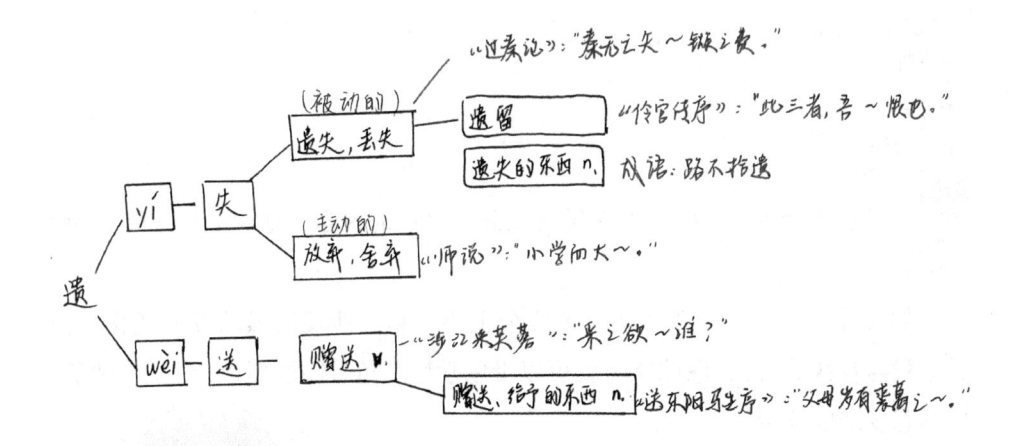

学生对多个义项的归类、整合、分析过程，就落实了文言文一词多义思维的提升。

3.多线发展的内容，可以综合运用思维导图（Mind Map）与流程图（Flow Map）。

例如指导学生学习名著《西游记》。这本名著文字量大，且是古白话文，对初一的学生而言，读来有一定的困难。因此导读课一定要落实基本情节和人物形象。在梳理复杂故事情节时，笔者发现有多个"三三模式"的情节，如"三打白骨精""三调芭蕉扇""车迟国斗法"等等。因此可以让学生将故事情节绘制成有三条主线的思维导图。再在导读课上教师引领学生绘制演示。绘制成的"三调芭蕉扇"这个故事情节思维导图如下：

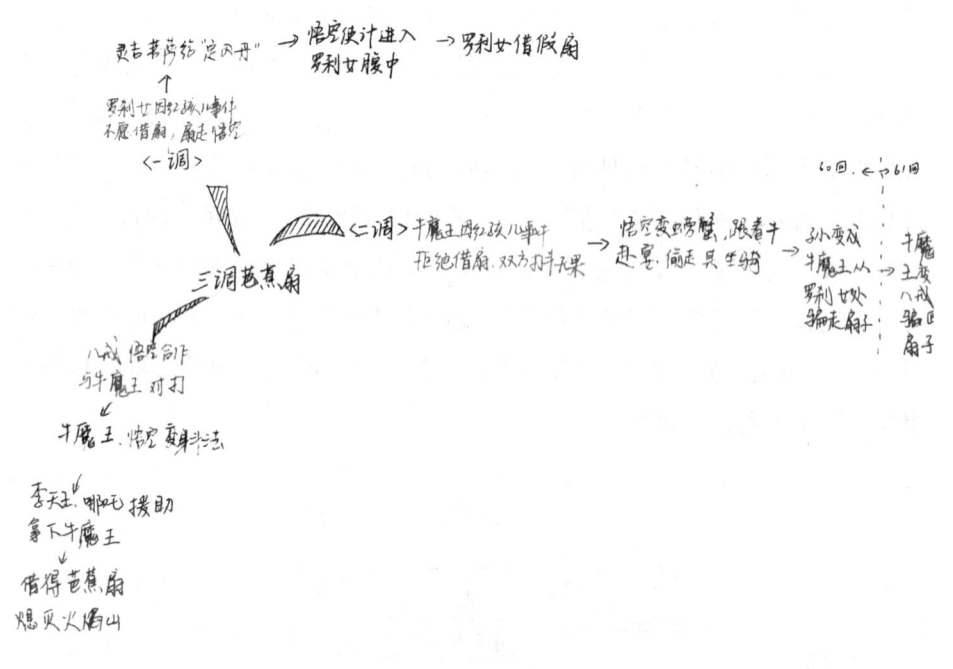

4.涉及人物言行、情感随时间变化且有对比的内容，可以用鱼骨图（Fish Bones）。

如《背影》一文，涉及父与子两个主要人物，涉及情感的发展变化，涉及今我与昔我的对比。在课堂上就可以带领学生用鱼骨图的抓手，对文本情节、情感态度加以分析。

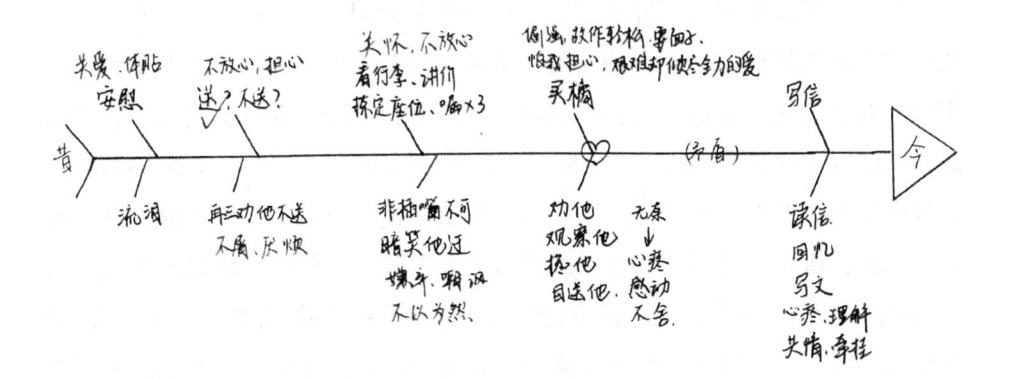

学生的思维提升与教师的合理引导组织课堂是分不开的。在今后的课堂教学中，要创设真实、可发生的情境，用"曲问"将语文课堂中涉及的语文素养转换成学生自然而然的习得；在组织学生活动时巧用多种思维图示，引领学生思维。此外，还有很多途径等待着我们一线教育工作者去探索，实现学生真正的思维发展与提升。

基于创新素养视域的初中数学项目式学习策略探究

夏秀男

数学项目式学习是以数学知识为核心，注重真实生活情境的创设，借助多元化学科融合技巧，让学生在体验、操作、探究、反思、交流的过程中，对具有挑战性和驱动性的问题进行持续、深入的研究。在项目式学习过程中要明确问题、寻求方法、分析策略、设计方案、问题解决、展示成果，促进合作交流，培养学生能力，提升核心素养，为学生提供多维度的探索空间。而教师的根本任务，是捕捉一切可实现的契机，为学生能力的提升、思维的拓展不断蓄力。所以，将学科知识和现实生活建立起密切的联系，让学生在学习过程中不断感受数学的魅力、学习的乐趣、知识的生成、方法的使用，是教师需要调整的教学方式。

例如数学课程中所研究的测量，从小学开始到初中无论是数的角度"计数单位"量的累加、还是形的角度"测量单位"累加，都是指按照某种规律用数据对非量化实物进行量化的过程。随着科技、经济和社会的发展，其内涵和外延越来越多地涉及科学计量、工程计量等知识。生活中小到微生物科学，大到火箭卫星发射，处处都需要计量学提供严谨可靠的数据。因此，在义务教育阶段，将测量的研究以项目式学习的方式展开，将初中阶段与测量有关的知识融会贯通，为学生深入研究计量学奠定坚实的基础，让数学真正实现"学以致用"的目标，促进学生运用高阶认知策略，提高学生的思维深度和思维广度，完成深度学习的创新教育模式。

一、项目式学习的教学目标及特色——数学+STEAM

数学学科作为 STEAM 中的重要组成部分，不仅可以为科学、技术、工程、艺术提供数据依据和理论支撑，也可以让我们借助各学科知识的特点与魅力使数学教学内容更具深度和广度。突破学生头脑中的学科壁垒，做真实的情境创设，以多渠道、全方位解决实际问题为目标。以《测量》为例，按照教材顺序初中会在人教版数学七年级学习线段的大小比较、角的大小比较时第一次接触简单的测量，在八年级《勾股定理》研究直角三角形初步测量，九年级学习《相似三角形》《锐角三角函数》正式研究测量，是为之后解直角三角形的学习做好知识储备和思维铺垫。这些知识在课程中根据需要出现，体现的教学目标是分散的、弱化的，为各自章节的研究重点服务。融入 STEAM 理念之后，不仅可以融合整个初中学习范围内的测量知识，还可以借此为学生打开计量学的一扇大门，把更多更广的知识糅合在一起，让学生体验真实的生活情境中测量的意义，对《测量》的研究不再单纯地指向解直角三角形，而是一个能带给学生深入思考的、更为广阔、更为系统的探究空间。数学学科知识传授和落实不再是教学的唯一目标，让学生在真实情境中通过主动探究得出独特的认知，并且能将知识体系进行精准捕捉。

二、项目式学习的教材内容及理念——融合 + 整合

融合科技、工程、技术、艺术等学科的相关问题，整合初中数学教材中的相关内容，开创全新的数学教学新视角。比如从形的角度分析，小学中已经对于形的点、线、面、体有一个基础的认识和测量方法的研究，而初中从七年级上册开始又出现了线段的大小比较、规则图形的面积测量，图形的等分、高度的测量以及不规则图形的测量等等。所以七至九年级的学生的心理年龄发展特征足以让他们在知识迁移上由此及彼、由点及面，教师们可以放心大胆地在教材提供的测量知识的基础上进行学科内容的融合，并将教材内容和新增问题进行分门别类的整合。在设计的过程中暗藏一条线索，适时提出三种类型的研究方向——一维长度、二维面积、三维体积，让设计的内容呈现缓坡上升的趋势，增强探究过程的趣味性，让学生感悟学习的快乐。在推出的项目式学习中，除了完成常规的测量任务，要在一些更具创新性和挑战性的问题上多下功夫。对于这个年龄段的学生，常规的用尺测量、读数得出长度，计算常规三角形、圆的面积，计算圆柱体、长方体的体积都是很容易实现的。因此在一维测量任务中尝试提出：不规则管道长度的测量、密闭长方体盒子最长对角线的测量、操场上（周围有障碍物）旗杆高度的测量。让学生在实践探究中感悟"借助软尺——化曲为直""借助多个长方体——由内及外""借助阳光和影子——以小见大"等数学转化思想在实际问题中的应用。特别是在二维和三维的项目研究中，抛开可以借助公式计算的常规问题，提出不规则平面图形的面积、不规则立体图形的体积的测量任务，比如"牛奶污渍的面积有多大""你的心脏有多大"等，潜移默化地渗透微积分的思想，借助学生已有的经验将貌似不可求解的问题运用数学方法和手段破解，使得关于测量的知识体系更为饱满、丰富，并将数学问题和物理方法结合，多角度激发学生的创造力，让课程在学生的创新中不断碰撞、生成新的素材，再反复充实，形成动态的项目和内容。

三、项目式学习教学方法及手段——实践＋合作

项目式学习创新教育模式中的重要作用是转变教学方式和学习方式，其一是教师的角色转变，其二是学生学习方式的转变。教师除在课前设计具体项目中起了规划和引领的作用外，在课堂上需要和学生同起点、同节奏、同步合作完成每一个项目的解决和突破。由问题来驱动，由师生合作来完成。学生会悄悄适应学习方式的转变，包括由传统的数学运算、逻辑推理转变为实践探究、合作交流。在此过程中，学生的头脑仿佛在不断编程，把散落在自己头脑中各学科的知识充分调动起来。比如测量"不规则的牛奶污渍"时，学生可以迁移"曹冲称象"的典故，可以把平面图形的"不规则"切割成"规则"，把"大单位"化为"小单位"，进而把面积的"不可测"转化为"可测"。不断地用规则可测的网格去划分"牛奶污渍"，划分越细，估测面积会越贴近实际面积。在测量"心有多大"的问题上，学生又可以迁移"曹冲称象"的典故，借助排水法将拳头的体积测出，进而估测心脏的大小。教师设计这个项目时只是想抛出一个不规则立体图形的测量问题，能够和前文中不规则的面积一拍即合，这就是课堂的生成，使学生的思考找到了问题之间的契合，并将方法的应用引向了一个崭新的高度。

因此，在项目式学习的过程中，教师作为课堂的合作者，为避免过度参与影响学生的思考和探究方向，教师在给出问题时可以同时声明具体的任务及操作方法，并不再做过多解释。比如，测量封闭长方体最长对角线的长度。

活动要求：

1.长方体盒子是封闭的、不能拆开、不能将尺直接伸入盒内，选择恰当的方法测量如图所示的最长对角线的长度；

2.选择最优方案并由小组代表进行汇报展示；

3.活动时间：2分钟。

教师在给出探究问题的内容和具体要求后，要保持适当的沉默。"留白"是项目式学习的一种重要教学手段，貌似什么也没说，却在"不说"中给了学生很多，主要是很多思考的时间和空间。其实勾股定理、动画演示中的平移都可以很直接的给出孩子简单的解决方法，但却不及学生的一个简单的动

作来得完美：将三个相同的长方体并排摆放在一起，保持两侧的不动，抽走中间的一个，将封闭在内部的最长对角线瞬间"释放"出来，变成轻而易举的可测。

四、项目式学习教学过程及亮点——启发+创意

项目式学习在设计的过程中遵循由浅入深、循序渐进的节奏不仅有助于学生获得实践探究带来的成就感，更方便学生借助简单问题得出的结论来解决难度稍大的后续问题，学生在探究的过程中不断累积经验、总结方法、升华思想、拓展思维，这个过程带给学生的启发和激励是教师的讲授无法替代的。比如在解决"封闭长方体最长对角线测量"的问题时，小组同学经过合作探究，借助勾股定理来求解计算。但这种方法仍停留在数学的层面上，没有呈现出"思维的跳跃"。有的学生想到在小伙伴的帮助下，通过平移模拟原长方体的位置，这时大家的创意开始被唤醒。有学生进而提出用三个相同的长方体盒子并排站立，确保两侧的长方体在位置不动的前提下，抽走中间的长方体盒子，把原本封闭在内部的最长对角线"暴露"在外部，进而达成由内及外的效果，再比如"借助阳光和影子——以小见大"，通过相似三角形应用，把"不可测"变为"易测"。学生通过不断尝试、不断超越，在项目研究的过程中现场生成的创意和点子会成为项目学习的亮点。当然，亮点肯定不止如此。学生每一次主动参与、突破常规、超越自我的过程，无论对于课堂还是对于学生自己来说，都是一个亮点，也是集聚于思想深处的力量，它会在学生后续的学习过程中不断积累、迸发、绽放。无论是《测量》还是其他知识，都只是一个探究载体，借助一个问题联想产生其他问题串，一个知识点迁移到另一个知识点，由问题驱动思考，创意解决一系列的同类问题，并能将解决方法进行总结和提升。项目式学习中学生在这个过程中得到的能力的培养和素养的提升会帮助他们动态解决更多复杂的问题，更重要的看问题的视角会变得多元化。一线教师如果都能达成转变教育模式的共识，用崭新的视角开发更多适合初中学生的新课程，那么师生在学习中教学相长，彼此助燃，必将会让数学学科的魅力绽放异彩。

小学语文课程资源整合问题之初探

李 硕

随着基于"核心素养"的课程理念实践的逐渐深入，小学语文课程百花齐放，越来越繁荣，但繁荣背后也存在一些亟待正视和解决的问题。其中，课堂教学中的课程资源整合问题尤为突出。

一、小学语文课程资源整合的问题

（一）数字信息化资源的使用不当

《义务教育语文课程标准（2022年版）》指出"义务教育语文课程突出内容的时代性，充分吸收语言、文学研究新成果，关注数字时代语言生活的新发展，体现学习资源的新变化"。数字时代为我们的教育教学方面提供了丰富的资源，这些资源对于我们的教育教学是一把双刃剑。在我们的小学语文课堂中，教师在使用数字信息化资源时存在以下的问题。

一方面是对于信息化资源的过度使用甚至滥用，这一问题集中表现在青年教师的课堂之上。较多的青年教师习惯花费很多时间与精力制作课件，图片、动画、音频、视频样样俱全，但课件越精美、资源越丰富，学生的实际获得就越多吗？答案是否定的。来看看相关的实例。有青年教师在执教散文《铺满金色巴掌的水泥道》一课时，为课文每一句精选了一幅图，并配以音乐制作了唯美的视频，设计了让学生边看视频边朗读的活动。这种方式的资源拓展，在笔者看来，十分不可取。因为视频里的画面固然精美，但一方面视频中的图片是东拼西凑而来，稍不留意就出现刺目的虚假感，比如，文本里是"铺满金色巴掌的水泥道"，视频里的图片呈现的却是大理石地面上的几片梧桐叶，根本无法真实还原当时的情境，更不用说文字背后的意蕴；另一方面直观的画面其实阻碍了学生通过品评语言，调动经验去个性化想象的思维活动，是对学生思维能力和审美创造的一种限制。此外，边看视频边朗读，违背了核心素养的发展规律，学生朗读时会受到视频的强烈吸引，从而无法充分调动自己的情感入情入境地朗读。更要关注的是，在凡是需要学生调动情感朗读文本时，有些老师必须得用优美的背景音乐来辅助，却忽视了教师对情境的渲染以及对学生朗读技巧和方法的具体指导。不可否认，信息化资源的整合运用，能够帮助学生加深对文本的理解，增强阅读中的情感体验，但想要学生语文素养真正得到提升，必须要在课堂中给学生充足的时间去阅读想象，去探究质疑，去体悟鉴赏。信息化资源的过度使用甚至滥用，挤占了学生们自主探究、理解欣赏与发展思维的空间。

与之相反，小学语文课堂中也存在轻视信息化资源对教学的辅助作用的问题，比如我们会看到一些颇有资历的教师习惯于"一支粉笔打天下"，整堂课仅通过口述与板书来展现，这也是不可取的。新课程标准特别指出教师应"充分发挥现代信息技术的支持作用，拓展语文学习空间，提升语文学习能力"。有效地使用数字信息化资源，对于学生的知识与能力的提升至关重要。比如小学中学段在讲述"批注"这一重要的阅读策略时，教师就可以制作微课，向学生展示学习伙伴用批注方法阅读的过程，让学生更直观地了解与学习时在书页空白处作文字批注，记录自己的收获或思考的阅读方法，达到事半功倍的效果。

（二）轻视教材，忽视学情，盲目整合

教学有三个基本的必备要素，即教师、学生和教材，它们对教学都发挥着不可替代的作用。[①]但在教学实施过程中，一些教师把教师的作用最大化，存在轻视教材，忽视学情，盲目整合的问题。

叶圣陶先生曾说"语文教材无非只是个例子"。一些教师对这一理念产生了误解，在教学中不重视教材，比如忽视对课后题的合理使用的现象。以《望天门山》一诗的教学为例，为了能让课堂更夺人眼球，有教师充分查阅了《唐诗鉴赏辞典》一类辞书，甚至反复观看了《百家讲坛》中对李白的专题介绍，

---

① 余文森.核心素养导向的课堂教学[M].上海：上海教育出版社，2017：137.

在绞尽脑汁，充分发挥个人的能动性之后，这位教师锁定了一个"值得拓展"的知识点。因而，教学中，该教师对本文的课后思考题"想象画面，用自己的语言描绘诗中景色"只进行了形式化的处理，转而把教学的重心放在了体会诗人的情感之上。通过对背景资料的拓展，该教师极力引导学生去体悟李白面对荆楚山水时以为壮志将酬、成名在望的满腔豪情。然而，即便是老师一再地情感渲染，学生们在体悟诗人情感时依旧处于懵懂无知的状态。正是由于这位教师的"弃教材而不顾"，以及缺乏对学生学情的精准把握，教学目标过于拔高，致使教学偏离了重点。这样的盲目的整合，其失败是必然的。

与此同时，每一册语文教材都是由一定数量的单元，按照一定的规律组合在一起的严密的知识系统，每个单元、单元内部各部分之间承担的任务与功能各有所指，但本质上，是一个相互联系的整体。部分老师由于缺乏对教材的深入理解，存在轻视单元间与单元内部各部分之间的关联，盲目整合的问题。如有教师在进行五年级上册"舐犊情深"主题的单元整合教学时，将略读课文《"精彩极了"和"糟糕透了"》整合成口语交际的一个话题，却忽视了相较于精读课文，该文本与学生生活联系更为紧密的独特价值及学生的学情，也忽视了教材编排中精读课文学习方法、略读课文运用方法的精妙的结构化设计，因此这种盲目的整合也是不可取的。

教学不能囿于教材，但课堂教学中，并非整合的形式越丰富、角度越新颖就越有价值。我们更应该做的是在以提升学生核心素养为目的，对文本进行合理化解读，以夯实教学重点，突破教学难点为目的，适度地对教学资源进行有效的整合与联结，以恰当的方式将这些资源巧妙融入教学中，真真正正地提升学生的语文素养。

二、针对小学语文课程资源整合问题的对策

2022年版课程方案在"基本原则"中明确提出，"加强课程整合，注重关联""加强课程内容与学生经验、社会生活的联系，强化学科内知识整合，

统筹设计综合课程和跨学科主题学习"[①]。因而，在整合资源，实施拓展教学过程中，应立足文本，尊重学情，注重教学资源间的联系，让拓展发挥应有的价值。

（一）结合文本特点，精准整合

小学语文课堂教学中的整合教学，应从学情出发，聚焦学生理解的困难点，结合文本特点，精准拓展，让整合教学的价值最大化。以古诗《三衢道中》的教学为例。古诗的首句"梅子黄时日日晴"提到了诗人的游览时间以及天气情况。这是诗人曾几次出游的重要原因，也是诗人情感生发的缘起，是教学的重点。诗句涉及梅雨季节特殊的天气现象，对于没有相关地区生活经验的学生们来说是十分陌生的，更不用说这反常的"日日晴"的情况了，因而也是教学的难点。此时，课外资源的拓展就十分必要。但在整合时，大多数的教师只是充当了信息的搬运工，仅仅把百科中关于梅雨天气的一些资源搬运进课堂。而有的老师则紧密结合古诗词文本的特点与独特的教学价值，非常巧妙地引入了古诗词中有关梅雨季节的描写，如"黄梅时节家家雨，青草池塘处处蛙""青草湖中万里程，黄梅雨里一人行""梅熟迎时雨，苍茫值小春"。学生在对比品析诗句的过程中，既了解了梅雨天气的特征，更加深了对诗意的理解，对诗情的体悟。这种形式的整合，从核心素养形成和发展的内在规律出发，紧密结合了文本的内容与特点，立足学生实际，也体现了课程资源在文化传承方面的价值，既有效解决了教学的重难点，又激活了学生的思维，丰富了学生的学习体验。

（二）尊重学生主体地位，有效整合

阅读教学是学生、教师、教科书编者、文本之间对话的过程。课堂教学应重视学生的个性化阅读，充分发挥学生的主体作用，唤醒学生的阅读经验，积极自主地进行实践探究。以六上第一单元《古诗词三首》的实践为例。通过挖掘整合点，结合课后思考题的设计，有教师打破教材的编排顺序，将第

[①] 崔允漷等.新课程关键词[M].北京：教育科学出版社，2023：57.

一首《宿建德江》和第三首《西江月·夜行黄沙道中》进行整合,引导学生运用学习过的读古诗的方法理解诗意,随后,设计了"诗人来了"的实践活动,引导学生开展丰富的想象,结合背景资料,在多层次的朗读中见诗人所见,听诗人所听,感诗人之所感,再走上讲台,扮演诗人,入情入境地再现诗词的创作过程。除了疑难处点拨以及关键处评价总结外,把课堂充分还给学生,为学生创设与文本对话,与诗人对话,与同伴对话的氛围。学生们发挥主观能动性,深入钻研,化身为一个个小孟浩然、小苏轼,把想象到的诗歌情境,诗人由自然之景生发的无限诗情,通过讲述与诵读的方式演绎出来。这样的整合拓展,让学生沉浸其中,让课堂鲜活生动,真实有效地提升了学生的语文素养。

(三)找准链接点,深化整合

在依据课程内容、充分尊重学情的基础上,小学语文课堂教学中的整合教学,还应注重联系,充分挖掘文本的内涵,找准链接点,进行学科间与跨学科的整合,深化语文学习的内涵和外延。例如,在六上第六单元"保护环境"主题单元的学习中,教师们可以将"环保意识"作为链接点,进行学科内单元整合式学习,将课文内容与生活中的环境污染、资源浪费等现象进行整合,引导学生由课堂延伸到生活,通过自主合作探究的形式,进行资料的搜集、梳理与整合,以朗诵、演讲、发出倡议的方式,分别开展"赏地球之美""明地球之境""守地球之园""倡地球之书"活动,用心讲述我们的地球故事,在阅读与实践相结合中践行保护环境的责任与义务。六上第二单元"革命岁月"主题的学习,教师可以引导学生进行跨学科主题的整合式学习,设计"重温革命岁月,厚植爱国情怀"项目式学习,整合信息、美术、书法等学科知识与能力,设计"举办主题展览"这一主线任务,在主线任务驱动下设立"重温革命岁月""设计展览内容""革命文化宣讲""升华爱国情怀"四个支线任务,通过将知识学习与学生经验、现实生活、社会实践进行一体化设计,发挥课程协同育人价值,引导学生在真实情境中、在积极的实践活动中合作探究,提升语言运用能力,使学生的文化自信、思维能力、审美创造在运用中得以发展强化,全面提升核心素养。

毋庸置疑，课堂教学中合理有效的资源整合会使我们的课堂更加丰富充盈，进而开阔学生的视野，全面提升学生的核心素养。因此，对于小学语文课程的资源整合，我们应在立足文本、尊重学情的基础上，勇于尝试，勤于反思，善于总结，不断优化，争取在每一次课堂实践中发挥资源整合的最大价值，全面持续地助力学生的成长！

第三章　基于新课标的学科实践活动探索

新课标下的学科实践教学活动是以学科核心素养为导向，运用该学科的概念、思想、工具、技能等，解决真实情境中的问题的一种学科学习方式，其特征表现为在"学"中"做"或在"做"中"学"，"学"与"做"是紧密相连的。教育者应站在学生的角度，以课堂为载体创设情境，由课内走向课外，由传授知识转换为培养技能。

一是重构实践课堂，促进学习方式转变。知识来源于生活，应用于实际。学习不能囿于知识本身，而要让学生学会发现问题，并运用所学知识解决实际生活中遇到的问题。因此，教师应将课内与课外相结合，充分建立学科与生活实践之间的联系，如将教学目标和教学重难点设计成一个个小问题，穿插考查、调研、实验、策划、制作、创造等环节，以此提高学生的动手能力，让学生在实践中经历"是什么—为什么—怎么办"的思想过程。

二是优化教学方式，架设知识到能力的桥梁。将联系紧密的篇目或单元整合起来，优化教学方式，实施项目化学习、主题式学习、任务式学习等多种教学方式，培养学生的问题意识和动手能力，让课堂教学焕发出新的生机。如实施项目化学习，让学生围绕生活中一个真实而具体的问题，在自主或合作的基础上积极探究，做到"眼到""心到""手到"三位一体，在解决问题的过程中生成知识、提升素养。

三是鼓励学科融合，引导知识在交叉中碰撞。各学科之间是相互渗透联系的，教师可通过融合相近学科的知识，培养学生的学习兴趣，提高学生的动手能力——这也是新课标下"五育融合"的重要思想指向。如语文科目学习，可与音乐、美术等学科联系起来，让学生通过读、唱、画、写等方式多方位感知文本；数学科目学习，可与体育联系起来，如进行"角的认识"教学时，可以体育内容为背景创设情境：足球场上的球员往往都是先传中再射门，这是为什么呢？教师可播放视频或让学生亲自演示，通过讨论引出角的概念，使学生产生认识角、研究角的需要。

四是开发个性化课程，有针对性地发展特长。实施个性化课程，因材施教，不仅在科外，也在科内。教师可根据本学科特点以及学生个人需要建立若干兴趣小组，通过创设情境来组织课堂。如语文学科可成立阅读兴趣小组、写作兴趣小组、朗诵兴趣小组、演讲兴趣小组等，各组之间可建立联系，撰写活动心得，分享活动经验。

五是加强劳动教育，多方丰富实践形式。加强中小学劳动教育是全面贯彻党的教育方针的基本要求，也是实施素质教育的基本要求，以及培养广大青少年的社会责任感、创新精神和实践能力的重要方式。因此，教师应引导学生树立"劳动+学科"意识，通过丰富的实践形式，深入培养学生的劳动意识和劳动热情。

六是实施多元评价，有效落实素养导向。在坚持"教—学—评"一致性原则基础上，倡导作业评价多元化。如对作业类型、作业层次、作业立意、作业总量等做出明确要求，增强针对性，增加丰富性，控制作业量和作业难度，重视思维拓展和知识迁移，特别是在作业设计中融入情境，增加用所学知识解决日常生活问题的活动形式，书面作业与实践作业相结合，有效落实学生素养培养。

课程整合下的数学学科实践活动探索

赵冉　李宁宁

《义务教育数学课程标准（2022年版）》在综合实践领域中强调跨学科主题学习的综合性要求。学生需要在实际情境和真实问题中运用数学知识和跨学科方法，自主发现、提出和分析解决问题的方式，以培养和发展学生的核心素养。数学作为基础学科的核心，与实践活动的结合不仅可以增强学生的学习体验，还能培养学生的实际应用能力和提高创新思维能力。随着科技的发展和社会的进步，单一的数学知识已经无法满足学生未来的生活和工作需求，学生需要将数学知识与其他学科知识融会贯通，培养解决实际问题的能力。因此，如何将数学与其他学科进行整合，以培养学生的综合素养和实践能力，成为教育者需要面对的重要课题。

一、课程整合下数学学科实践活动实施价值

课程整合的核心目标是打破传统学科之间的界限促进知识的交互与融合，以提高学生的综合素质和创新能力。在传统的教学模式中学生通常通过书本和习题来学习数学知识，很难将其与实际生活联系起来，而实践活动能为学生提供一个平台，使学生能够将数学知识应用于实际情境中，学生需要与同伴共同解决问题、完成任务，这种合作模式不仅锻炼学生的团队协作能力，还潜移默化地培养学生的沟通技巧和领导能力，从而更深入地理解和应用数学。同时，数学实践活动有助于激发学生的创新思维，当学生面对实际问题时能够从多个角度去思考和寻找解决方案，不仅有助于培养学生的创新思维，还为学生未来的学习奠定坚实的基础。此外，学生通过参与实践活动，不仅能提高数学能力，还能锻炼其观察力、思考力、动手能力和创造力等多方面的技能，助力学生在未来的生活中更好地应对挑战。

二、课程整合下数学学科实践活动探索实践

选取北师大版本《扇形统计图》，将其与"大思政"理念相融合，探索课程整合模式下数学学科的教学实践活动，基于"立德树人"目标，让学生成为兼具民族品德与求真精神的学生，让家国情怀在学生内心生根发芽。

（一）创设情境渲染唤醒学生民族自豪感

在数学课堂上教师不仅需要教授数学知识，更需要培养学生的爱国情怀和对国家发展的关心。因此在《扇形统计图》的教学中，可通过创设情境渲染氛围，唤醒学生的民族自豪感。在课堂刚开始，通过介绍中国在制造业、

科技产业、金融业等方面的成就以及中国在全球经济中的地位，让学生为自己的祖国感到骄傲。在课堂开始时播放《中国一分钟》的短视频，将视频停留在GDP产值的部分，引导学生思考GDP与日常生活的关系，引导学生思考GDP的增长如何影响他们的生活水平、教育条件、医疗保障等方面，让学生更加深入地理解GDP的含义和作用，同时也能够增强他们对国家发展的关心。

（二）精心选取素材合理设计教学的过程

现如今国家发展正面临重大变局，数学教学在人才培养环节中起到不可松懈的关键作用。小学数学学科实践活动的开展，可有效地启发学生的思维能力和润泽他们的心灵，发展他们的个体能力，进而实现课程整合下数学学科实践活动的目标。在数学教材内涉及大量生活化情境，相关情境可将数学知识与现实世界相连接，为学生提供"数学刻画现实世界的可能性"。为此，教师需寻找数学教学活动与课程思政的内在契合点，通过将知识与学生成长发展结合起来，激发学生的爱国情怀，培养他们成为具有民族复兴责任感的时代新人。

在《扇形统计图》教学阶段，由教师出示统计表，学生需要读取统计表中的信息，并结合具体情境来解释百分数的意义，帮助学生更好地理解整体与部分之间的关系。为避免学生对扇形统计图理解单一，教师授课时不直接呈现完整图，而是结合读表和理解数据的过程，展示扇形统计图的绘制过程。此外，在扇形统计图绘制完成后引导学生站在整体视野上正确认识扇形统计图，引导学生对比以往学习的条形统计图、折线统计图，将新知识与旧知识相关联，帮助学生发现扇形统计图内各部分与总量的关系，引导学生构建出完整稳固的认知架构。

表1　2020年国家三大产业发展

三大产业种类	产业增加值	约占国内生产总值百分比
第一产业	77 754 亿元	7.7%
第二产业	384 255 亿元	37.8%
第三产业	553 977 亿元	54.5%

续表

三大产业种类	产业增加值	约占国内生产总值百分比
国内生产总值	1 015 986 亿元	100%

在"大思政"课程观引领下为学生设计精选练习题如下：

观察下面统计图，讲述所了解的信息。

中国人口约占世界人口的百分比　　　中国耕地约占世界耕地的百分比

中国人口约占 19%　　　　　　　　　中国耕地约占 7%

基于《义务教育数学课程标准（2022年版）》的基本理念，通过引导学生深入思考我国耕地数量和农业发展水平，不仅仅让学生读懂扇形统计图，更重要的是培养和发展学生的申辩性思维能力，帮助学生从不同的角度和视角来看待问题，深入挖掘问题背后的本质。同时，基于课程整合培养学生的全局观、系统观和整体观，使学生能够从宏观的角度来思考问题，并理解问题与其他领域的关联性，激发学生对国家发展的关注和热情，并培养学生对国家的责任感和使命感。

（三）联系生活发展学生的团结合作能力

在开发跨学科小学数学综合与实践活动中，需要根据学生认知发展水平设计相应的学习任务，活动主题设计则需要结合学生的实际生活，所选择的数学问题尽可能涵盖不同学科领域，引发学生深入思考数学知识，培养并发展学生的系统思维能力。数学教学中，理论知识是基础，但动手实践能力同样重要。教师可以通过设计实践活动，让学生在实践中应用所学知识，加深对数学知识的理解和掌握。培养学生的团队协作能力，同时也能促使学生在实践中互相学习、共同进步。

以《扇形统计图》课外实践活动为例，搜集调查当前水果种类情况，学生可利用数学小报等形式记录所查阅的资料，学生通过调查问卷收集班级同学喜爱的水果种类，将收集到的数据整理成表格或列表，清晰地列出每个水果种类和对应的数量。根据整理好的数据计算出每个水果种类所占的百分比，并将结果记录在表格中。同时，学生利用制图工具制作扇形统计图，按照百分比比例绘制各个扇形，并在图中标注每个扇形代表的水果种类。学生观察和分析制作好的扇形统计图，讨论数据的特点和结论，"哪种水果最受欢迎，哪种水果最不受欢迎"。此外，教师可从学生的扇形统计图的制作情况、数据分析能力和参与度等方面进行评价，鼓励学生积极参与并提供适当的指导和反馈。

总而言之，课程整合不仅能够丰富学生的数学学习内容，提高学习的兴趣和主动性，还能够帮助学生将数学知识应用于实际问题中，增强各学科之间的联系，促进学生跨学科学习和思维方式的培养。因此，在今后的数学教学中，教师应该更加注重课程整合的实施，为学生提供更加丰富和有意义的数学学习体验，使数学作为一种文化，发挥它沟通世界心灵的作用。我们用数学来交流，用数学来体会，更在数学的美妙花园中翱翔，品尝它所带来的心灵的感受。通过各种实践活动以及跨学科整合，引导学生在活动中感受数学与生活的自然融合，体验数学的美丽，感受数学之美，让学生在活动中启迪智慧、在活动中探寻真理、在活动中享受乐趣。

传统文化扎染课程融入劳动教育的实践

刘莹

一、新课标视域下传统文化扎染课程与劳动教育的关系

《义务教育艺术课程标准（2022年版）》明确指出精选对学生终身发展有价值的课程内容。身为华夏儿女，深知我国有着五千年历史，博大精深，孕育了丰富的中华优秀传统文化，对文明的赓续传承有着重要的贡献。传统

文化的继承和发展，需要借助教育的力量。灿烂的华夏文明蕴含着丰富的艺术价值和工匠精神，我们可以汲取中华优秀传统文化中的艺术精华、审美情趣，融合劳动精神、劳动意识、劳动品质，这既是对传统文化的最好传承，又是培养学生核心素养的有利途径，更是新时代劳动教育的要求。

扎染是我国传统染色工艺，蕴含了相当丰富的人文、地理知识，凝聚了丰富多彩的历史文化，是人类劳动与智慧的结晶，传统文化扎染课程在九年一贯制学校开设。既符合艺术新课标课程理念下，重视学生在学习过程中的艺术感知及丰富的情感体验，能有效激发学生参与艺术活动的兴趣和热情，使学生在欣赏、表现、创造、融合的过程中，形成丰富、健康的审美情趣，提高艺术素养和创造能力；又符合劳动新课标理念下，对学生劳动观念、劳动习惯、劳动能力、劳动品质、劳动精神方面素养的培养，能帮助学生养成认真劳动、合理利用材料的习惯和乐于制作的品质；感受传统工艺品中蕴含的人文价值和工匠精神。因此，传统文化扎染课程与劳动教育的融合，是传统文化的需求，是现代审美回归自然、情感寄托的需要，也是构建五育并举、全面贯通整体育人价值的需求。

二、新课标视域下传统文化扎染课程的设计依据

（一）新课标指导下的课程设计思路

1. 思想引领

《关于全面加强改进美育工作的意见》指出：坚持"以美育人、以美化人、以美培元，提高学生审美和人文素养"。而美术教育是落实这一要求的有力途径。其中，传统工艺是美术教育中不可或缺的部分，可以唤起人们的审美感知，借以表达情感。

2. 紧扣艺术课标

《艺术课程标准》中指出，坚持以美育人，要引导学生积极参与各类艺术活动、感受美、欣赏美、表现美、创造美、丰富审美经验，领会中华民族艺术精髓，增强民族自信。针对（3~5年级）还提出：要引导学生利用不同工具、材料和技能制作传统工艺品，学习工艺师敬业、专注和精益求

精的工匠精神。

3.整合劳动课标

《劳动课程标准》中针对于（3~5年级）也提到了培养学生精益求精的工匠精神，并明确提出：要让学生了解传统工艺特点及历史，初步掌握制作技能和方法，根据劳动需求，选择合适材料制作简单传统工艺品。初步形成传承中华传统文化的意识及追求创新的劳动精神。

4."双标"引领，"美""劳"融合

《扎染初体验》一课，为学校美术FI特色课程，属于传统工艺范畴，带有明显的历史传承性，笔者探索在美术课程中融入劳动教育，挖掘其隐性美育功能，从而形成五育并举，全面贯通的整体育人价值。

（二）课程内容与教学实施

1.课程内容

扎染是中国民间传统而独特的染色工艺，其色彩丰富、形式多样，有着自然朴素之美。教师运用设计与工艺的知识、技能和思维方式，开展基于问题的学习，重点落在探究扎染的传统技法上，让学生在探究中感受这一漫长的制作过程饱含着劳动人们的智慧与情感。学生通过学习，积极传承并创新扎染工艺，感受薪火相传的工匠精神，坚定文化自信，让传统工艺通过现代审美融入当下生活。

2.教学实施

《扎染初体验》在美术FI特色课程传统工艺大任务群下开展教学。以构建真实可感的沉浸式"传统作坊"为切入点，创新的将扎染文化融入劳动教育的方方面面，展现经典的白族扎染、受现代审美影响的扎染；空间中呈现了扎结、染色、冲洗、晾晒等劳动工具及历史文化墙等，形成多角度沉浸式的空间体验，触发学生思考，学生在体验中热情高涨，深刻地领会中华优秀传统文化的精神内涵，初步形成传承中华优秀传统文化的意识，感受精益求精的工匠精神。

（三）分层作业与展示评价

1.分层作业

在探究环节中，学生的思维有着不同层次的体现。为营造积极参与、敢于实践、乐于创新的学习氛围，激发学生艺术创作的内驱力，为学生提供多种选择，分层实践，学生可以自主选择课上所学的任意扎染方法完成作品，也可以综合创新应用技法完成作品，尊重学生个体差异及独特的艺术表现。

2.展示评价

评价不仅要体现教学评一体，还要满足不同程度学生需求，更要体现艺术学科的特征。展评时围绕学生拆开作品的第一感受；扎染方法；想用什么方式让更多的人知道扎染。从审美感知、劳动能力、文化理解三个维度展开。既关注学生情感、对知识技能的掌握又重视学生对继承与创新的发展。鼓励学生分享、交流艺术学习的经验和成果，尊重学生独特的感知体验和多样化的艺术表达。

三、新课标视域下扎染课程融入劳动教育的实践探索

（一）创设情境在体验中感悟，重视学生审美感知及劳动观念的形成

新课标视域下，教师要准确理解新课标的新理念，将重视学生的艺术感知及情感体验，渗透在教学各个环节。比如：导入创设开放式、沉浸式"传统作坊"体验，将扎结工具、染剂染料、染色工具、冲洗工具、晾晒工具、文化探究墙等，直观地展现给学生，结合悠扬的民族音乐刺激学生的感官，让学生通过观察、识别、倾听、解读等多元的方式，感受作品隐藏的内涵及艺术的魅力。为了给学生营造扎染真实的体验过程，在课堂上不仅实现了捆扎、染色、冲洗、拆开、晾晒，还将作品转化成了立裁服装。让学生在体验简单劳动过程中，感受"一分耕耘，一分收获"的道理，知道尊重劳动者，学习劳动人民敬业、专注、精益求精的工匠精神。

（二）联系生活在自然中取材，提高学生创意实践及劳动能力

陶行知先生曾说："大自然大社会是活教材，运用天然材料开展教育活动，可以让学生获得真实的感受。"这就需要教师有足够的智慧将生活、自然与艺术、劳动教育相融合，在自然中找寻健康、安全的植物根、茎、叶、花、果实等作为染料，借助草木本身的力量，顺应自然四季的变化，依节令时令合理利用自然资源，接受大自然的馈赠。能有效地提升学生艺术素养、劳动素养。在探究过程中，教师联系生活，创新使用劳动工具表现传统技艺，比如：叉子、PVC管、皮筋、夹子等，将传统技艺化繁为简，降低课程难度。让课堂生活化、劳动化、艺术化，以寓教于乐的形式，提高学生创意实践能力和劳动能力。

（三）应用生活在合作中创新，提升学生文化理解及劳动品质

在新课标的视域下，要注重培养学生的人文精神、合作精神、劳动精神，提升学生文化理解力及劳动品质，为解决学生在课前遇到的盲点和疑点问题，引导学生小组合作探究，利用反向推理方法推出，通过分析图案识别不同扎结方法；引导学生在不断融合、创新，举一反三中应用，提高个人艺术表现的能力。在创作中引导学生感受一块白布变成一件艺术品，背后的一针一线、一折一叠、一染一洗，漫长过程中饱含着人们的情感；在文化提升中，展现工匠们不可褪去的一双双蓝手，进一步引导学生感受背后的劳动精神及劳动品质，强化学生对传统文化的理解、对情感的认同，树立正确的价值观，坚定文化自信。

综上所述，在九年一贯制学校中学段，开展传统文化扎染课程是符合义务教育《艺术课程标准（2022年版）》《劳动课程标准》的要求，符合学生的学情，美术教师要深入研究课程标准的新理念，探寻优秀传统文化的资源，将传统文化课程与艺术、劳动教育融合，在体验和创作的基础上逐步探索和发现，激发学生对美的探索，对劳动品质的追求，让这古老的艺术扎根在学生心中，展现出新时代的美好特征。

基于思维品质培养的初中英语深度阅读实践

张培培

一、深度阅读的概念

　　深度阅读是一种基于深度学习理念的阅读模式。因此，想要厘清深度阅读的内涵，就有必要先讨论深度学习理念。深度学习提倡的是，让学生在教师的引导和辅助下，围绕具有探究性和挑战性的话题、材料或问题等，参与自主学习、合作交流、探究学习等学习活动，从而达到理想的目标，得到综合能力的发展。深度学习最明显的两个特征为：①倡导学生学习的主动性，即学生要主动学习，而非被动学习；②倡导学生参与高阶思维活动，即学生要在理解学习材料或问题的基础上，运用发散思维、决策意识、辩证思维、创新思维等展开深度探究，内化所学知识，具备整合所学知识、灵活解决问题的能力。

　　在充分内化深度学习理念的基础上，可以将深度阅读理解为：深度阅读是学生需要在阅读活动中主动分析语篇，获取与语篇内容相关的信息，运用逻辑思维、辩证思维等思维能力，全面、客观地分析语篇内容，形成自己的理解，并内化阅读期间获取的信息，将其迁移运用到新的语境中。从这一概念出发，可以看出，深度阅读是一种对学生要求较高的阅读模式，是建立在对文本理解基础之上，真正促使学生展开深入探究，思考语篇背后的语言特色、人文背景和主题意义等元素，激发学生的学习兴趣，提升综合素养。

二、初中英语阅读教学中培养学生思维品质的实践问题

（一）教学模式的局限性

　　素质教育改革以来，教学模式发生了很大的改变，但是不可否认，教育

理念的转化需要一定时间，教学方式的转变也仍然存在诸多局限性，成为影响思维品质培养的重要问题。第一，教学方式的失当。教学方法较为单一。具体而言，因为英语是学生的第二语言，基础词汇掌握不扎实，与母语在表达习惯、思维模式等方面存在极大的差异，所以学生在阅读的过程中容易出现理解不到位的问题。教师为了解决这一问题，从单词含义到句子理解，事无巨细地解释指导，将整体的文本拆分成一个个孤立的知识点传递给学生。虽然有助于学生更为快速地理解文本表面含义，但是阅读教学始终处于浅学浅教的状态，不利于思维品质的发展。第二，教学内容的封闭。中高考对于知识和分数的要求，使得目前的英语阅读更多的被限制在教科书的范围内。课外阅读资源的拓展不够丰富和深入，学生的阅读视野较为狭窄，涉猎的语篇类型不够丰富多元，很难激发学生持久的兴趣，不利于语感的形成，思维品质的发展内在动力不足。另一方面教师的教学重点更多地倾向于词汇、语法等知识的解析以及解题技巧的渗透，忽视了深入阅读的引导，学生的阅读能力难以实现突破性提升，容易陷入思维定式。

（二）学生认知的局限性

学生作为教学的主体，其认知基础是决定阅读深度与广度的关键因素。但是就目前而言，初中生的阅读主动性不足，对于英语阅读缺乏兴趣，经常以完成任务的心态对待英语阅读，导致学生在阅读过程中缺乏主动的思考和探究行为，遇到问题采用的办法也是等待教师投喂，没有主动攻克难点的意识，导致长久以来，学生的阅读思维没有得到有效训练，思维品质也很难得到大幅的提升。再者，相较于小学阶段，初中英语阅读的难度和深度都有了大幅提高，这时就需要学生有科学的阅读方法来激活阅读思维，提升阅读能力。但是学生在阅读的过程中，惯于采取逐词翻译的方式达到对文章的理解目的。在这一过程中，遇到陌生词汇、碰到较为复杂的句式结构时，学生就会陷入瓶颈，从而影响阅读理解的深度。由此可见，缺乏持久稳定的阅读兴趣，以及碎片化的阅读方法都直接局限了学生阅读理解的深度，不利于思维品质的发展。

三、基于思维品质培养的初中英语深度阅读教学策略

（一）通过整本书阅读，培养思维品质

整本书阅读是以一部经典小说或是一个核心人物为中心，根据学生能力和素养，有计划地展开阅读探究，并完成评论与鉴赏的综合性活动。整本书阅读对于初中生而言是有一定难度的，需要教师在学生现有的英语基础上，进行书目的选择和阅读活动的设计来充分调动学生的阅读兴趣，保证阅读质量。

首先，从书目的选择而言，教师选择词汇量适中、主线清晰的书籍，降低阅读难度，消除学生的畏难心理。在阅读的初期，教师可以选择故事性较强的小说体裁，例如，*Charlotte's Web*，*Wonder Boy*，*The Boy in the Striped Pyjamas*，*Charlie and the Chocolate Factory* 等。在本学期的整本书阅读书目的选择上，基于以上四本书，学生选择了 *Charlie and the Chocolate Factory* 作为本学期整本书阅读的阅读书目。之后，可以根据学生的接受力循序提升整本书的阅读难度，选择具有一定挑战性的书籍，例如，*Flipped*，*Harry potter*，*The Moon and Six Pence*，*The Old Man and the Sea* 等。难度的缓慢提升，让学生的阅读能力无痛提升，阅读兴趣大大提高，调动其阅读的主动性，引领学生的思维走向更深层次。

其次，从阅读活动设计而言，教师可以采用阅读圈的方法来引领学生分角色，分角度的从不同方面感悟主题意义。教师可以通过给出不同角色（*discussion leader*，*word master*，*passage person*，*connector*，*summarizer* 等）任务单的问题设置，给学生搭好支架，通过完成任务单上具有启发性、体悟性、联想性的问题，培养学生的逻辑思维、批判思维与创新思维。教师设计如下学单来引导学生进行深度思考，理解文章情节，了解人物性格特征，帮助学生深度阅读，更好地理解小说内容。

> Discussion Leader(Questioner)
> Story:_____ Name:_____
> The Discussion Leader's job is to... *Read the story twice and prepare at least five general questions about it.
> *Ask one or two questions to start the reading circle discussion.
> *Make sure that everyone has a chance to speak and joins in the discussion.
> *Call on each member to present their prepared role information.
> *Guide the discussion and keep it going.
> *Questions can be divided into thin questions and thick question.
>
> Thin questions are easier to answer, their answers can be easily found in the text and they usually only one answer. Usually the best discussion questions come from your own thoughts, feelings, and questions as you read. (What surprised you, made you smile, made you feel sad?) Write down your questions as soon as you have finished reading. It is best to use your own questions, but you can also use some of the ideas at the bottom of the page. My questions:
> Question1:_____
> _____
> Suggested answer:_____
> _____
> Question2:_____
> _____
> Suggested answer:_____
> _____

小说阅读完成后，学生以阅读圈小组为单位，分角色进行阅读交流，主要基于六个角色的任务单进行讨论交流。通过小组交流，学生对小说的整体、片段均会有一个更全面更深刻的理解。在以上阅读任务的铺垫之后，教师通过与作者对话，向朋友推荐一部英文小说，改编小说结尾等作业方式，学生将再次梳理信息，凝练组织语言，锻炼思维。学生在阅读小说的过程中，不断感知、理解、归纳、内化语言和文化知识，提高自身分析问题、解决问题、鉴赏评价、自主表达的能力，同时借助小组互动交流，思维品质也得到了迅速发展。

（二）优化指导方式，发展思维品质

1.读前的调动

良好的开端即是成功的一半，阅读前的思维状态至关重要。因此，在课堂学习的初期，好的课堂导入方式可以激活学生沉寂的思维，把学生仍然游离于课堂之外的思绪拉回到课堂中来。因此，教师应注重课堂导入环节，充分进行读前的调动，让学生的思维活跃起来，以更好的状态投入到阅读探究之中。以人教版七年级上册 Unit7 "*How much are the socks*?" 中的阅读部分为例，这个语篇是一家服装店的售卖广告。教师围绕阅读主题设计趣味化的导入活动，激活学生的阅读思维。

首先，以情境导入，从学生较为熟知的西方感恩节大促销着手，播放短视频素材引导学生感受大促销氛围。在此基础上，学生会联想到在即将到来的圣诞节又将引起新一轮的大促销活动，Mr. Cool 的服装店也加入到此次的大促销活动中来，进入阅读主题语境。其次，以图片预测和问题调动阅读欲望。通过图片观察，教师提出互动问题：

（1）What kind of clothes are there in this store？

（2）Do you think the clothes are at good prices？

（3）How do you know it??

在此基础上，引导学生紧扣主题对课文内容展开大胆的推测，激活阅读思维的同时，为后续的精读埋下伏笔。

2. 读中的引导

阅读过程是锻炼学生思维品质的关键环节，教师需要明确师生角色定位，设计张弛有度的阅读引导活动，提升学生的思维能力。仍然以 "*How much are the socks*?" 阅读教学为例，教师以问题形成思维主线，实现学生阅读思维的可视化，教师从中捕捉认知需求提供精准指导。首先，在初读环节，教师以问题引导学生完成速读。How much are the clothes？让学生快速地阅读课文，并且用单元重点句型来回答问题。促使学生立足整体视角分析文本，锻炼快速提炼关键信息的能力。其次，在精读环节，教师以问题引导学生梳理主线脉络，把握文章主体结构。例如，教师由文章体裁着手设问，What kind of article it is？ How do you know it? Underline the evidence from the article. 让学生在探寻问题答案的过程中解构文本，培养逻辑性思维与批判性思维。最后，在内化落实环节，教师通过开放性情景设置，Mr. Cool 为扩大销售，进行网络直播人员的招聘，使阅读教学和学生日常生活情境相融合，使得阅读教学不再仅仅是课本知识，而是真正的用于生活的素材。借助问题引发分析、推断、归纳、对比等一系列思维活动，促使学生立足不同视角解读文本，提升批判性思维与创新性思维。

3.读后的拓展

初中英语阅读相较于小学，不仅是阅读长度的增加，阅读的深度也显著提升，教学指导不应仅限于阅读过程的点拨，读后的复盘和反思是深化阅读理解的重要环节。因此，教师在完成文本解析之后，设置综合性的探讨活动，进一步深化学生的阅读层次，强化思维训练。再以"How much are the socks?"阅读教学为例，在对广告文本分析之后，教师需要引导学生，针对广告文本的诱惑，探讨如何摆脱广告诱惑，成为真正明智的消费者这一主题展开讨论，拓展思维。教师不以对错做出评判，而是组织学生进行展示辩论，突出学生的主体地位，引发多维思维碰撞，形成不一样的思维火花。

总而言之，初中英语阅读应该注重思维品质的培养，这是推动核心素养扎根课堂的有力举措，也是提升学生学习兴趣和阅读能力的有效方法。在教育转型的关键节点，初中英语深度阅读的实践落实将会面临诸多挑战，这就需要教师坚持以学生为中心组织教学活动，探索教学方法的最优解，为学生提供更多的主动思考与深入探索的机会，丰富阅读体验，推动思维由肤浅走向深刻，由刻板走向灵活。

第四章　学科实践活动的实施路径及策略

一、学科实践活动的实施路径

（一）革新教学理念，做好学科实践顶层设计

学科实践为学生提供了通过实践获取、理解、运用知识，发展主体性的机会。因此，学科实践介入后的教学理念，强调引导学生认识活动主体性与实践活动主体性的统一，共同推动学生学科核心素养的发展。这就要求教师做好学科实践顶层设计，将整个学期的学科内容作为一个整体进行解读，在研读课程标准需要发展学生学科核心素养的要求、相关教材的逻辑结构与内容体系安排、学生的心理发展水平与学习准备状态、可利用的课程资源和整体课时要求等因素基础上，设计本学期学科实践的内容、目标、形式、评价方式，以及与常规课堂教学的整合时机、整合形式，建构学科实践任务群，明确在真实任务情境中什么时候、以怎样的方式、完成什么样的学科实践。

（二）采用灵活多样的方式，开展学科实践教学

学科实践可以采用大单元教学、专题学科实践、综合实践活动等多种教学方式进行。首先，组织大单元教学，融入学科实践。每一个大单元以大任务（或大概念、大主题）为中心，在教学设计时将本单元需要实施的学科实践活动与学习主题、学习目标、学习任务、学习过程、反思评价等要素有机结合，形成一个结构化的教学安排。大单元教学采用灵活多样的时空安排融入学科实践活动。一些对空间没有特别要求并在短时内完成的学科实践可以在课堂内完成；课程规定的常规学科实践要组织学生在真实情境中亲身体验开展实践探究；课堂内无法完成的学科实践，部分任务由学生在课外或校外完成，教师跟踪指导并在活动完成后组织学生对行为过程和结果进行评价、反思等。

其次，开展项目化专题学科实践。项目化专题学科实践是一种创造性解决问题的学习活动，也是中小学开展学科实践的一条重要路径。项目化专题学科实践包括生产实践、科学探究实践和社会调查研究三类。生产实践类型的专题学科实践，需要兼顾学生兴趣、思维发展水平、生活世界特点、课程内容框架等灵活确定。教学过程中教师引导学生关注材料选择、生产过程与所涉及学科概念和原理的运用，组织学生对制成品展示、评价并反思。科学探究实践类型的专题学科实践，学生以个人或团队形式参与项目设计、调查和研究，追求真实情境的问题解决和纵向水平的学习迁移，让学生在"做"项目的实践体验过程中理解学科概念、原理与方法。社会调查研究类型的学科实践，选题以社会问题、生活问题等为主题，让学生在调查研究过程中，感受和理解人与人、人与社会等诸多关系的本质，建构积极的道德品质。

最后，基于综合实践活动，开展跨学科实践。跨学科实践与中小学综合实践活动中的研究性学习、社会实践在目标追求上基本一致。义务教育阶段的综合实践活动侧重跨学科研究性学习、社会实践，高中教育阶段的综合实践活动包括研究性学习、党团活动、军训、社会考察等，形式上都是以团队活动为主的必修课程。教师可以选择合适的时机，基于学生兴趣将一个班级分成若干兴趣小组，每个小组在教师指导下确定跨学科实践主题或研究问题，寻求和建立包括教师在内的指导团队，在可行性分析基础上制订研究计划，进入真实情境开展实践探究。这样的跨学科实践让学生认识到知识的不同作用和多学科知识整合的价值，体会学科知识之间围绕问题的解决需要建立联结、整合与综合运用。

（三）强调"实践—反思"，构建学科实践综合评价机制

开展学科实践的一项重要工作是组织学生进行实践后的反思。"实践后的反思是化行动为知识、化实践为素养的重要路径"。反思本身也有一个过程，通过"实践—反思"机制的运行，实现学思结合、知行合一、品格凝练，发展学科核心素养。学科实践的实践性、整合性、再创造性等特点，使得教学评价多样化。教师应结合具体的教学目标、活动类型以及学生在学科实践活动过程中的表现、实践后的反思等促进"教—学—评"一体化，构建多主体、

多形式、多维度的综合评价机制。①

二、基于学科实践的综合课程设计与实施

学科实践作为本次新课程方案和课程标准的重要课程理念，为新时代进一步深化课程改革，探索综合课程设计提供了实践路径。

（一）学科实践推动学科内容结构化

学科综合课程设计的关键在于组织与实施结构化的学科课程内容体系。学科内容的结构存在两个关键路径：横向的学科间课程内容结构化和纵向的学科内课程内容结构化。近年来，教育界关于"大概念""大单元""大主题"课程教学设计与实施的实践探索，为基于学科实践推动学科内容结构化提供了实践路径。"大概念""大单元""大主题"的课程设计理念本身就包含了丰富的学科实践理念。"大概念"课程设计理念缘起于布鲁纳的结构主义课程理念。布鲁纳作为结构主义课程流派的重要代表人物，坚持强调学生掌握学科的基本结构对于其解决实践问题进而推动自身发展的重要意义和价值，指出："不论我们选教什么学科，务必使学生理解该学科的基本结构。这是在知识运用方面最低的要求，这样才有助于学生在课堂外解决所遇到的问题和事件，或者日后课堂训练中所遇到的问题。"而学科的基本结构是靠一系列相互联系的观念和概念整合、建构起来的。其中，知识网络结构体系中的关键节点则构成了学科结构的"大概念"。具体来讲，大概念就是一种学科结构化思想指导下的课程内容设计方式，通过居于学科基本结构的核心概念或关键位置的抽象概念的整合，将零散庞杂的课程内容系统化为相关知识、原理、技能、活动等课程内容要素，进而形成有关联的课程内容组块。基于大概念的课程内容设计就是一种强调学科实践的课程教学与学生学习方式的变革。学生基于对学科大概念的理解与掌握，实现学科认知图式与生活

---

① 傅曼妹，王兆璟.学科实践的本质特点、教学目标与实施路径[J].课程·教材·教法，2023（6）：22-23.

实践的联结，进而将大概念蕴含的学科思维方式转化为学生内在的认知图式。基于大概念的课程设计能够有效地实现学科结构化与学科综合化。作为处于学科结构核心与关键节点的大概念，不仅高度浓缩了学科特征，而且具备深刻的学科实践特质，不仅能够有效实现学科内部知识的有效联结，而且能透过学科实践特质实现跨学科间的横向联结。以大概念为基础设计大单元，以大单元为框架构建大主题，由此将课程教学转化为一个个基于学科实践的"问题""主题""课题"，实现学科课程内容的结构化的教与学。

（二）学科实践引领学科综合协同育人

学科实践超越过去囿于理论层面的一般探索和浅层次、机械的课程内容组织上的综合，基于学科所蕴含的人类认识世界、改造世界的思维方式，通过引导学生在学科知识学习与学科生活实践"人—知"互动中内化学科知识，推动学科综合协同育人价值的实现。学科实践引领学科综合育人的关键路径在于挖掘学科知识的实践价值，赋予实践活动以学科特质。知识之于学生发展的重要意义不言而喻，经典的论断如"知识就是力量""知识改变命运"。然而这种知识观念根本上是一种工具性、功利主义的知识观念。教师传授学生知识不仅要让学生掌握"关于世界的知识"，更应该推动学生获得"进入世界的知识"。知识之所以能够改变人的命运，并非学生占有了知识就实现了阶层的超越、命运的改变，而是学科知识内在的逻辑改变了学生认识世界、改造世界的思维方式，改变了学生的生活态度、生命体验。学生的学习实质上就是一种学科实践活动，是引导学生在学习过程中"像学科专家一样思考和实践"，通过构建学科实践的学习过程，引导学生用学科概念、学科知识、学科思维解决生活实践问题，而非采取普适性的自主、合作探究的形式，凸显学习活动的学科实践特性。以往，对学科实践活动的开展仅仅局限在形式上的一般活动过程，而忽视学科价值的赋予与学科知识的深度应用，造成学科知识与实践活动的"两张皮"。当然，强调学科实践活动的学科特质并非执着于单一学科价值，而是根据实践情景的差异设置多样化的学科主题，引导学生整合学科知识解决实践问题。学生作为学习的主体，学科实践活动过程中的自我体验是其学科学习的基础。通过学生主体内在自我与外在客观世界的互动过程所产生的一系列自我感受、理解、联想、领悟等构成学科学习的重要内在资源，构成学生发展必不可少的前提与基础。总之，学科实践活动不仅要观照活动的学科特质，还要考虑学生的个体经验及生活实践。学生在真实的学科实践中的经验积累不仅能够经由不断的实践与反思迁移到生活世界中，而且能够通过学科知识经验的积累推动生活实践认知图式的更新，由此实现学科育人的价值，推动学科综合协同育人价值的实现。

（三）学科实践与学科综合共同引领学生核心素养发展

在课程设计与实施中发展学生核心素养是本次新课程方案和课程标准的重要改革理念和改革目标。核心素养是教育对"培养什么样的人"这一问题的时代回应，其实质是在立德树人的根本要求下教会学生"如何思考、如何做事、如何成人"，培养学生具备适应终身发展和社会发展需要的必备品格和关键能力。其中，最为关键的则是培养和发展学生适应时代背景的思维方式。学科的差异不仅体现在认识世界、解释世界视角的不同，更是蕴含于其中的思维方式的差异。发展学生核心素养既要注重学科特色，强调本学科对学生素养发展的特殊作用，也要关注学科综合协同育人。因此，基于核心素养的要求，既要针对不同学科各自性质及其独特的育人价值，做好整体规划和分工协调；也应通过学科间横向综合，突出学科实践活动的综合协同，以此促进课程的综合化实施，推动核心素养在学科教学中的落地。发展学生核心素养离不开学科知识的整合与实践应用，而核心素养在学科课程与教学中的落地，关键在于转变过于强调课程内容组织形式上的学科综合及机械应用。基于学科实践的学科学习过程是"模拟"学科专家从事学科研究与探索的过程，强调学科教学遵循"知识怎么得来怎么教"的基本原则，将学生的知识学习转化为"发现之旅"，引导学生在"重新发现知识"的学科实践过程中实现对知识的理解、应用与内化。只有让知识学习成为学生"发现之旅"时，学生所学的知识才能与其自身的经验、体验与感悟对接、贯通起来，才能成为学生自己观察事物、思考问题的认知框架，将外在的知识转化为自己的素养。总之，在学科课程教学中发展学生核心素养，就是要超越停留于一般形式的课程内容综合，强化学科内与学科间的知识整合，以构建学科实践活动为抓手,引导学生经历知识构建、问题解决的过程,把认知与行动、理论与实践、学科知识与生活实践有机融合,建立实践型的新型育人方式,培育和发展学生核心素养。

中篇 基于单元整体的学科课程整合

第一章　单元整体的理解及实施

一、核心素养导向下大单元教学设计的缘由与内涵

新时代的学校教育要培养学生的核心素养。我们处在科技发展增速史无前例的时代，信息技术、人工智能、科技创新推动着社会生产生活不断发展。面对人类知识的急剧增长，一方面，学校里的学习不可能将知识"全面覆盖"；另一方面，一个学生基础教育中学习的知识无法满足一生所需，人的一生一定要不断地自主发展才能适应社会。正如赫伯特·西蒙（Herbert Simon）曾指出的——"识知"（knowing）的意义已从能够记忆和复述信息转向能够发现和使用信息。[1]学生需要对学科中起到支撑作用的核心知识有更本质的理解，需要运用思维方式、探究方法理解知识的意义、价值与局限，才会在未来广阔、开放、不确定的环境中迁移、应用、创新知识，才能迎接未来社会的挑战。这些就是我们所说的要培养学生的正确价值观、必备品格、关键能力，即核心素养。培养核心素养的课程教学应该是什么样的呢？有两个要点是我们必须关注的。第一，要选择学科中的核心内容组成有结构的体系。人类的知识不断更新、累积，学校里的课程内容无法简单地线性增长，只能选择学科结构中核心的内容。第二，让学生依托这些核心内容形成对自然、对社会的基本观念，学会探究问题的方法，形成正确的价值观，形成自主发展的能力。在这样的背景下，新课程标准中都用核心概念、主题或任务作为线索来串联全部课程内容。由于各个学科特点不同，内容性质不同，有的用核心概念，有的用任务，有的用主题去组织内容，但不管是核心概念、主题还是任务串

---

[1] 约翰·D.布兰思福特，安·L.布朗，罗德尼·R.科金等编著.人是如何学习的：大脑、心理、经验及学校（扩展版）[M].上海：华东师范大学出版社，2013.

联起来的一组内容,都是能够支撑它的重要的事实、核心的原理、相关的概念、重要的方法和价值观念。当然,这些核心概念和主题、任务之间同时又有内在关联性。

素养的形成需要给学生提供一段时间去探究、体验,经历完整的学习过程。完整的学习过程需要依托于一组性质相同、相互关联,体现学科重要概念、原理或思维方法等的内容。这一组由核心概念、主题或任务串联的内容分解在学期中,就是一个个单元。如果教学仅仅考虑一节课,则看不到单元内容的整体性、关联性,也不能利用单元主题、任务等的核心价值增长学生的能力,丰富其品格及价值观。这样的大单元教学需要教师对学科领域进行深度研究。因此,核心素养背景下的大单元教学设计,强调单元整体教学设计理念,以核心素养目标为教学视点,单元整体统筹安排教学的目标、内容结构、学习方式、资源体系、作业系统及评价方式。这里的大单元既可以是教材中呈现的单元,也可以是视实际需要依据课程标准对教材单元内容进行的重组。

二、如何实施素养导向的大单元教学

大单元教学设计不等于不要每一节课的设计,我们基本的教学单位还是以每一节课实现的。但是,教师在思考每节课教学目标、内容、方法之前,要以单元为单位来整体设计教学。大单元教学设计要避免的就是直接将教学设计分割成一节或者是一篇,把教学内容切割得过于琐碎,使教学目标关注一些片段性的知识、孤立的技能训练,弱化了知识之间的关联,难以形成系统化的素养。

(一)大单元教学的要素与结构

单元教学设计与每一节课的教学设计之间并不是对立和排斥的。我们在设计一节课的时候所思考的一些要素,也是单元教学的时候所要考虑的,只不过是以整个单元内容为对象、以素养目标为统领进行整体筹划。考虑大单元设计时,也是要先考虑单元名称、需要的总课时,整个单元总体素养目标是什么,根据总目标将课程内容转化成什么样的问题。为了回答这些问题,需要设计什么情境，安排什么样的任务，但不是每一个小任务就相应地对应一个课时，要根据每个小任务服务单元素养目标的功能，有主有次、有轻重缓急、有重点与非重点之分，有的任务占用的课时多，有的则少。在有这样的重新结构化了的课时比重后，要对学生的学习历程以及方式进行规划。当然，也要考虑整个单元的相对完整性、连续性。此外，作业与评价的内容与方式，也是按照单元统筹去考虑，注重一体化、多元性、结构化等。

（二）基于大单元内容确立素养目标

为了促使学生顺利进入到大单元学习中，教师必须设计明确的教学目标。这就要求教师在设计大单元教学方案之前，聚焦大单元主题，深挖其背后蕴含的教育价值，并基于大单元教学内容，科学设计出与学生认知发展区相契合的大单元教学目标。课标中根据核心素养给出学段目标，每个主题（或核心概念、任务）之下还有学业要求，这是设计单元目标的重要依据。除此之外，教师们还应进行教材分析、学情分析、班级资源环境分析等拟定教学目标，将这些分析与核心素养对照起来，拟定本单元的素养目标，也就是怎样才能将内容与素养目标建立联系。

（三）以大概念为统领驱动，搭建大单元任务支架

单元整体教学是以大概念、大任务、大项目、大问题等为统摄中心的单元教学。在大任务、大问题驱动下进行单元主题教学设计，必然是在解决真实情境、真实问题中融入挑战性的学习任务，这就需要有大概念综合统领碎片化知识的学习。而在真实问题情境中迁移运用所学知识解决实际问题，是素养落实的表现。因此，大概念统领的单元主题教学具备深度学习的四个特征：引领性单元学习主题、核心素养导向下的单元学习目标、挑战性的学习任务和持续性学习评价。

鉴于大单元的内涵，教师在组织课堂教学时，必须要坚持"以生为本"的理念，引导学生积极主动参与到知识建构中。学生由于知识、能力、经验有限，在自主建构知识的过程中，常常会遇到各种各样的问题。鉴于此，教师可融入支架式教学模式，依托任务支架的引导，促使学生在任务思考和探究中，

逐层次完成大单元教学目标。首先，精准分析学情，把握学生的最近发展区。基于维果茨基研究理论可知，学生的发展存在两种水平，即现有水平、可能的发展水平。这两种水平之间的差异即为最近发展区。因此，在"以生为本"教育理念下，教师在搭建任务支架之前，必须做好学情分析，精准把握学生的认知发展区。其次，聚焦大单元主题，设计探究任务。最后，指导学生完成任务。在任务支架引领下的大单元教学中，为了保障任务探究的顺利开展，教师还应聚焦探究任务，为学生补充相关的学习材料，引领学生围绕任务展开思考、交流等，最终在自主思考、思维碰撞中完成既定的学习任务。

（四）基于情境把握大单元学习主线

单元学习的内容要转化成问题的形态或者任务的形态引发学生的学习。那么，如何提出一个引发学习的问题呢？问题应该让学生对核心的观点产生真实的质疑，可以激发思考和辩论，需要学生权衡整个单元的内容甚至以前学习的内容才能获得结论。当然要基于先前知识经验，这个问题不应该是具体的、直接的，不应该是在书中找到那种现成答案的问题。

建构主义者认为：知识并非是通过传授得到的，而是将学习者置于一定的情景中，利用必要的学习资料和教师的引导等，通过意义建构而获得。情境与任务是引发学生学习的载体，应该承载新知的结构，并能提供连贯的有重点的生成性学习，也就是任务本身要涵盖问题解决的多种要素，并让学生使用这些要素有步骤地解决问题。在大单元教学中，虽然教学内容非常复杂，但不同教学内容之间却存在明显联系。鉴于此，教师在组织课堂教学时，可聚焦大单元主题，为学生创设教学情境，让学生在情境引领中逐渐找准大单元学习的主线。通常，教师在创设大单元主线学习情境时，应兼顾大单元教学需求以及学生的实际学情，灵活创设教学情境，以便学生在情境的引领下，快速、精准把握大单元的主线。

（五）探究过程协同思考、领悟知识的价值

为学生设计的探究过程应该是一个协同思考的过程，一个让学生领悟知识价值的过程。首先，在探究的过程中，概念性的知识、事实性知识需要交

互迭代，协同思考。素养导向下的单元学习不是不需要事实性知识了，不是不需要学生学习解题技巧，但仅有这些事实性知识是不够的，还需要学生有这种概念性的理解，二者就像黑白的琴键一样，交替地弹奏，才能弹出美好的乐曲来。交替迭代地进行协同思考，进而才能产生高观点的思考，深度的学习。另外，探究的过程也应该是体会知识价值的过程。在这个过程中，学生知道了知识产生的原因，知道人类发现这种规则是因为其对人类的生产生活有意义，于是才把这个规则当作知识固定下来。学生领悟了知识的价值之后，才有利于他们日后遇到相似和相关的情境时进行提取，这样的知识是"活"的，可以迁移，能够给学生带来创造。

（六）作业与评价促进反思与建立知识关联

作业与评价应该促进反思，帮助学生建立知识之间的前后关联。一般来讲，单元的作业与评价需要有结构化、一体化、多元性、过程性、差异性等特征。单元作业与评价的设计过程，也要遵循对标素养、定位水平、确立路径、设计形式、留白领悟等这样的流程。单元作业与评价的价值不仅是甄别学生的学习水平，更重要的还是促进对整个单元学习的反思，帮助学生在反思中建立知识和知识之间的关联，知识与生活之间的关联。这样的作业与评价显然是要超越传统的检验方式的。

教学评价是大单元教学中的重要组成。对于教师来说，大单元教学评价是反馈，其可透过大单元评价结果，明确教学中的不足，并据此调整和完善大单元教学方案；对于学生来说，大单元教学评价是激励，可促使学生在参与评价的过程中，形成清晰的自我认知，并持续强化自身的学习动机。鉴于此，教师在开展大单元教学时，还应努力突破传统教学评价模式的束缚，努力构建一套全新的教学评价体系。一方面，坚持"教—学—评一致性"，设置针对性的大单元评价标准，让教学评价标准对应大单元教学目标，契合学生的学习过程。另一方面，坚持评价主体多元化的原则，引导学生以评价者的身份积极主动参与到教学评价中，使得学生在参加评价的过程中，对自己形成全面、客观地认知，明确下一步的学习方向。

大单元教学契合了新教材、新课程的要求，是培养学生学科核心素养的必然选择。教师需要努力转变传统的教学组织形式，结合新课程的要求，基于新教材的特点和单元主题整合教学内容、设置大单元教学目标，并在此基础上设计大单元情境、任务支架等，让学生在大单元学习中能够积极主动建构知识框架，并获得思维、能力、文化、价值观等方面的全面发展。大单元设计教师首先要理解教学的整体结构，明确每个核心素养的要求，以及组织内容的主题或者任务是如何纵向衔接的，是如何与核心概念结合在一起的，明确素养要求在不同年级的具体要求与表现是什么。所以，教师要以团队为单位系统拟定学科教学规划，然后设计研发单元设计方案，之后再去设计每一节课的教案，站在单元整体的视角去看待每节课的任务。

第二章　大概念统领的基于主题意义的单元教学

新课标提出："教师要在教学中关注主题意义，制订指向核心素养发展的单元整体教学目标。"教师要认真分析单元教学内容，梳理并概括与主题相关的文化知识、学习策略，根据学生的实际水平和学习需求，确定教学重点，统筹安排教学，在教学活动中拓展主题意义。教学目标应可达成、可操作、可检测。每个课时目标的设定都要为达成单元整体目标服务，教师还要有机整合课程内容六要素，并根据教学实际需要有所侧重，避免脱离主题意义或碎片化的呈现方式。教学目标要体现对全体学生的基本要求，同时兼顾学生的个体差异，既确保共同进步，又满足个性发展。这就要求教师在进行指向核心素养的教学时，以单元整体教学设计为抓手，引导学生开展基于单元整合、关联和发展的学习。

一、理解大概念或大观念

大概念，英文为 Big Ideas，Major concepts，也有学者将其译为大观念，从认知发展的角度看，是能反映学科本质的一种学科思想和学科观念。大概念的"大"主要是说它具有较大的统摄力和较强的迁移性，是位于学科知识体系中更高层次、居于核心地位的观念或概念。大概念具有较为广泛的适用性和统摄力，能指导解释学科中大多数问题，是研究学科问题、解决学科问题的重要工具。

单元是指样本中自为一体或自成系统的独立成分。根据学科大概念划分的单元不一定是教材编排体系中的"单元"，它是根据大概念及其串联的核心概念、基本概念整理出的课程单元。素养导向下的单元主题不仅指概括凝练出来的本课程单元重点学习的教学内容，还包括学科思想和学科思维方式，它具有大概念统领的特征。因此，有大概念统领的"知识集合体"就是主题。在进行基于主题的教学时，需要先提取大概念。

对于概念的理解应用不是简单上升的"线性逻辑"关系，而是围绕"大概念"所进行的螺旋上升的"迭代逻辑"关系，这是一种系统性的"整体化思路"。"整体化思路"是以系统论、认识论为指导，在大概念统领下对教学单元进行整体性设计的一种单元教学策略。因此，课程标准所倡导的"主题教学"，指的是基于主题的单元整体教学，或者是基于大概念统领的单元整体教学，因为它们都可以让学生通过一个阶段的学习，完成对一个相对完整的知识单元的知识建构和思维建构。

二、解读单元关联，探究主题意义

任何一个整体必然蕴含着部分间的某种关联性。单元整体教学设计，就是运用整体教学理念，把单元主题看作是一个整体进行处理。首先是正确解读单元的关联性，进而揭示主题意义，以便对整个教学内容有提纲挈领的整体把握。解读单元关联的关键在于正确解读教科书中每课内容之间的关联性以及学生认识水平与教学内容的关联性。探究主题意义的重点是基于正确的关联性解读和主题意义的把握，明确主题意义之所在，把准整体教学之方向。

首先，分析教学内容关联，揭示主题内涵。教师首先要对教科书资源进行再开发，从主题意义整体视角出发，解读教科书内容，通过整体分析，厘清各课题的内在关联，明确单元主题与课题主题及目主题的具体内容和主题意义指向，在此基础上统筹规划学习活动。

其次，解读学生认知关联，确立教学起点。从单元整体设计的整个教学过程来说，首先要确立教学起点，而要确定教学起点就得从学生认知关联、学科认知关联和教科书认知关联入手，解读其认知的逻辑关联。要弄清楚学生现有的认知水平与教科书内容难易度的关系。作为教师，不仅要深入解读教科书内容，还要深入了解学情，在此基础上把准教学内容与学生认知水平的关联性，找到学生最近发展区，确立整体教学的认知起点。

最后，立足教科书逻辑关联，构建整体框架。学科教学要立足教科书逻辑关联，在尊重学科知识的基础上，落实教学内容。要从教科书内容的逻辑关系出发，分析与主题意义相关的教学重点和难点，建构整个教学的基本框架，围绕话题的主题意义提出具体的问题并给出问题解决的策略性建议。

三、立足核心素养，确立整体目标

在完成解读文本关联，探究主题意义后，重点任务是确立整体教学的整体目标。整体目标的设计要立足于核心素养，从学科核心素养的有机整合、相互融合出发，确立整体目标，进而设计出课时目标。课时目标既要体现关联性，又要体现递进性，最根本的是要紧紧围绕涵养核心素养这一总体目标。

首先，基于课标要求，确定单元主题目标。依据课程标准要求，从单元整体视角解读教科书，深入探究单元主题意义，结合学科核心素养确定单元整体教学目标。然后，依据教科书内容，细化课时教学目标。

四、统整单元主题，整合课时教学

确定了课时目标后，需要对整个单元进行统整，以主题串联各课时教学。学生在话题意义的探究过程中实现新知的建构，完成学习任务，落实学科核心素养，达成学习目标。

首先，谋划课时布局，优化板块组合。从整体教学观出发，依据单元内容的关联性和学生核心素养递进发展的要求，谋划课时布局，实现单元整合的优化组合。

其次，主题意义先行，围绕话题串联。单元整体教学最根本的特点是其整体性。但这并不等于各个课时不需要独立主题，相反教师应注重各课时独立主题的设计，只是各课时独立主题的设计一定要紧紧围绕单元主题，围绕主题意义设计主线，用主线把各课时串联起来，使主线贯穿整个单元教学，从而体现教与学的整体观念。

最后，以问题为引领，设计关联问题串。单元主题教学设计，可以让问题的呈现方式更加多样化。一般情况下，知识性问题、总结性问题等，学生可以自主处理。但分析性问题与综合性问题难度较高，教师可以引领学生进行合作探究。比如，从整体观的视角，对关键词进行提炼，然后根据关键词设计前后关联的问题串。设计问题串，可以帮助学生形成一个完整的知识体系，而且在问题的追问过程中，学生能够产生新的问题，最终引发学生深度思考与探究。

五、实施教学评价，实现教学评一体化

教学评价是检验教学实效的重要标尺。基于大概念的单元整体教学，要求教师从单元整体的角度把握课堂教学内容，而教师在开展教学评价时，也要从单元整体角度入手，采取持续性的评价措施，把教、学、评融为一体。

对教师教学实施评价，可从以下几个方面进行考量：第一，教师是否借助单元架构、鱼骨图等思维可视化工具，帮助学生开展单元研究，提炼学科大概念，确定单元教学主题；第二，教师是否基于真实生活情境，引导学生收集和使用实例来检验提出的想法，实现知识迁移；第三，教师设问是否有艺术，让学生联系生活、举一反三，培养学生超越知识、技能和应用概念的能力；第四，教师是否引导着学生合作探究，鼓励学生表达观点、展示作品或成果；第五，课堂教学中教师是否评价及时、有效，启发学生思考，促进学生深入探究。

对学生学习实施评价，可从以下几个方面进行考量：第一，学生是否主动探索、建构知识，积极投入小组合作，交流自己的观点并考虑他人的观点；第二，学生在活动体验、自主辨析、互动探究过程中，是否对议题保持强烈的求知欲，作出充分表达和解释；第三，学生是否能够积极主动参与，分享问题的解决方案，将新经验应用到真实生活环境中；第四，学生学习兴趣是否浓厚，思维是否活跃，探索是否积极，情感是否投入，在趋向大概念进程中是否获得对大概念应有的理解。

基于新课标的课堂教学，提倡以落实核心素养为根本，以实现深度学习为目标，以达成学科育人为导向的大单元整体教学设计。指向核心素养和深

度学习的大单元整体教学是基于教学系统论的一种现代教学方法，其最大的价值就是把眼光始终落在学生身上。整体教学以重构学生的认知结构为核心目标，以挖掘学生的自我价值为内驱力，以教师提供学习支持、点拨引导、质疑启发为激活方式。整体教学在具体的教学实践中要根据学生的实际情况和教师自身对教科书的驾驭能力而灵活运用。

基于生命主题的单元视角下学科实践活动

周璐璐

　　学科实践，是指具有学科意蕴的典型实践，即学科专业共同体怀着共享的愿景与价值观，运用该学科的概念、思想与工具，整合心理过程与操控技能，解决真实情境问题的一套典型做法。新颁布的《义务教育课程方案（2022年版）》指出，要深化教学改革，强化学科实践。一方面是注重"做中学"，引导学生参与学科探究活动，经历发现问题、解决问题、建构知识、运用知识的过程，体会学科思想方法；另一方面是加强知识学习与学生经验、现实生活、社会实践之间的联系，注重真实情境的创设，增强学生认识真实世界、解决真实问题的能力。

　　从本质上来讲，学科实践是一种有效整合学科教学与实践的学习方式，是实现学科育人价值的有效路径。具体到道德与法治课程，《义务教育道德与法治课程标准（2022年版）》（以下简称"新课标"）在教学建议部分，也提出要丰富学生实践体验，促进知行合一。思政课是落实立德树人根本任务的关键课程，道德与法治课程是义务教育阶段的思政课，旨在提升学生思想政治素质、道德修养、法治素养和人格修养等。课程具有政治性、思想性和综合性、实践性，所以道德与法治教学要与社会实践活动相结合，加强课内课外联结，实现隐性课程与显性课程相结合。在未来落实新课标的进程中，学科实践是教师理解新课标的关键视角，也是改进教学的重要突破口。在本学期学习部编版道德与法治七年级上册第四单元内容时，尝试借助学科实践活动贯穿单元教学。

一、明课标要求，析课程内容

本单元在七年级上册教材体系中居于核心地位，既是本册书前三个单元的价值升华，也为学生一生的健康成长打好生命的底色。在课程设置上，虽然只是用一单元内容来呈现，但是在教学过程中，对初中学生生命教育的关切，作为道德与法治学科的核心理念之一，贯穿了学科教学的全程。

中学阶段是一个人人生观、价值观初步形成的时期，相比小学生和大学生而言，中学生具有自身的特点。他们比小学生有了更丰富的知识，更开阔的眼界，获得的信息量较大。但他们对事物或观点的分辨能力、理解能力以及自控能力尚不甚强，对于发生在自己身上的事情以及所见到的社会现象不能全面分析，容易陷入迷茫和彷徨，经常只看到社会上消极的东西，缺乏正确的分析和理解问题的能力。本单元就是针对中学生这种特定的生理、心理特点和认知规律来设计教学内容和知识体系的。通过教与学、活动与体验等，培养学生的生命意识和情怀，使学生从认识生命到敬畏生命，从守护生命、增强生命的韧性到探究生命的意义、提升生命的品质，帮助学生形成科学的生命价值观，实现知、情、意、行的全面发展。

在新课标中将本单元的学习目标定为：理解中华优秀传统文化的核心思想理念、人文精神和传统美德，弘扬民族精神，具有强烈的中华民族自豪感（政治认同）；懂得生命的意义，热爱生活（道德修养）；懂得生命的意义和价值，热爱生活，确立正确的人生观（健全人格）；敬畏自然（责任意识）。学业要求为：通过本学段的学习，学生能够珍爱生命，热爱生活，具备积极向上的人生态度，能在学习和生活中进行正确的判断和选择；能以积极的态度对待自己面对的各种挑战，主动承担自己力所能及的责任，具备服务社会、奉献社会的意识和能力。

基于此，在七年级上册教材设置"生命的思考"这一单元，对初中学生开展比较系统的生命教育，有着强烈的现实意义和深远的教育价值。进入青春成长期的学生，对"我是谁""我从哪里来""我到哪里去"等哲学命题有了一些初步思考。

二、施实践活动，悟生命意义

本单元首先引领学生探问"生命可以永恒吗？"帮助学生感悟生命来之不易，生命是独特、不可逆和短暂的等特点，理解生命有时尽的自然规律。在此基础上，引导学生审视个人生命与人类生命的关系，理解生命有接续，初步培养学生作为个体生命的"我"在人类生命接续中的使命感，进而帮助学生理解生命至上的内涵，引导学生从个体的"我"的生命体验和认识，扩展到对人与人生命关系的体认与思考，理解休戚与共的关系，引导学生理解并践行对生命的敬畏，珍爱自己的生命，关怀他人生命，自觉走上道德的生活。

在实施第八课《探问生命》时，由主题探究"生命可以永恒吗？"入手，学生阅读教材相应内容后继续探讨，能够得出"生命不可以永恒，也可以永恒"的结论。前者是因为生命有时尽，死亡是人生不可避免的归宿，每个人都无法抗拒生命发展的自然规律，因为生命来之不易，生命是独特的，生命是不可逆的，生命也是短暂的；后者是因为生命有接续，个人的生命很短暂，但是一代代个体生命实现了人类生命的接续，也通过精神文明、传统文化等实现生命接续。在讲解本问题，学生探讨时，教师相应补充素材，如通过问题"既然每个人的最终结局都是死亡，那为什么我们还要活着？"的探讨，使学生树立正确的生命观，从容面对生命的不可预知，更加热爱生命，热爱生活。同时，通过播放著名妇产科专家林巧稚的视频，探讨医师节的设立，让学生树立生命至上、敬畏生命的意识，生命价值高于一切。

其次，结合初中学生的日常生活，帮助学生学会从爱护身体和养护精神两方面来守护生命，引领学生既要关心自己的身体健康，培养维护健康、危急情形下自救自护的意识和能力，又要追求充盈的精神生活，满足生命的精神需求，进而引导学生学会直面挫折，增强生命的韧性，发掘生命的力量。

在实施第九课《珍视生命》时，采用任务驱动的方式——开展珍视生命主题宣传活动，学生思考宣传手册所需内容，即开展宣传的目的以及如何珍视生命，在解答两个问题的同时，能够完成本课教学内容。教师根据学生的回答，补充教学素材，如爱护身体——第 32 个全国消防日，养护精神——犹太人集中营遗存的儿童画作，增强生命的韧性——史铁生《秋天的怀念》，徐梦桃"感动中国"视频。在学生分组实施制作宣传手册前，教师从形式、角度、内容、方式、评比等方面提出具体要求，并在第二课时完成制作进行分组展示，在展示的过程中学生能够进一步巩固教材中的基础知识。

在此基础上，再次引发学生对生命的追问："人为什么活着？""怎样的一生是值得过的？"引领学生认真审视生命的意义，帮助学生理解生命的价值在于创造和贡献；引导学生做自己生命的导演，力求生命充盈，学会关切他人，努力在平凡的生活中书写自己的生命价值，追求生命的美好，活出生命的精彩。

在实施第十课《绽放生命之花》时，从问题"人为什么活着"出发，课前学生完成采访——采访生命中三个重要的人，请他们说说活着是为了什么，能够得出结论，活着是为了让生命变得有意义。课上通过播放清明祭英烈的视频，学生思考"他们为什么活着"，再通过课堂小辩论"只有为自己而活的生命是值得的"vs"只有为别人而活的生命是值得的"，使学生明确怎样的一生是值得的。能够活出自己的人生，自食其力，实现自我价值；当别人需要帮助时，付出自己的爱心，无论大小，自愿承担责任；能够将个人理想与国家发展、民族复兴和人类命运结合起来。接下来，通过学生课前完成的"讲述生命故事"的分享，明确人生的意义是由自己创造和发现的，通过观点辨析"有人说，'成大事者不拘小节，只有做成轰轰烈烈的大事才能体现人生价值，平凡小事不值一提'。你怎么看？"学生能够理解伟大在于创造和贡献。与伟人相比，更多的人可能是默默无闻的，但是生命虽然平凡，但也能创造伟大。当我们将个体生命和他人的、集体的、民族的、国家的甚至人类的命运联系在一起时，生命便会从平凡中闪耀出伟大。

三、思教学过程，明教学方向

新课标的教学建议中要求教学要与社会实践活动相结合，加强课内课外联结，实现隐性课程与显性课程相配合，鼓励学生探究、讨论，提高学生的价值辨析能力，引导学生开展自主探究与合作探究，学以致用，知行合一。

　　七年级上册第四单元在教材体系中居于核心地位，既是前三个单元的价值升华，也为学生一生的健康成长打好生命的底色。正如清华校长给新生的寄语中所说，读懂生命的意义需要涵养关爱他人、心念苍生的情怀。构筑美好社会，需要坚守公平正义的价值，需要秉持关怀弱者的立场。成就人生理想，需要有兼济天下的志向，需要有躬行不辍的作为。

　　因此在本单元以"生命"为主题进行整合学科实践活动，将单元内容通过不同的学科实践活动进行整合，既发挥学生在学习中的主体作用，调动学生的学习积极性，又能够在学科实践活动中有所收获，建构学科知识体系。

　　反思本单元的学科实践活动，也存在有待提升的方面，如：实践活动的形式还存在局限，不够丰富，在进行珍视生命主题宣传活动时，提供给学生可选择的形式少；主题宣传活动班级内分享时，由于时间原因，稍显仓促；学生准备生命故事的学科实践活动中，部分同学存在照抄教材中人物事例的情况，也需要在之后的学科实践活动中避免。

　　在新中考改革的背景下，道德与法治学科采用开卷考试形式，增强试题的开放性、实践性、选择性，倡导答案的多元化，注重考察学生的思维过程，为多角度思考问题和创造性解决问题提供更大空间，从而促进学生核心素养的形成与发展。在课堂教学中，需要以中考改革和新课标为引领，立足学科实践活动，大胆整合，活动育人，在活动中培养学生的学科核心素养。

以学习任务为载体，提升语文核心素养

李君

一、"情境"与"任务"的价值

　　新课标在课程理念中明确指出"增强课程实施的情境性和实践性，促进学习方式的变革"。提示教师应从学生的实际生活出发，依据语文学习内容及学生特点，创设丰富多彩的学习情境，设计富有挑战性的学习任务，从而培养兴趣和求知欲，提高语文学习的能力。

新课标将"核心素养"作为课程发展的逻辑起点，旨在培养学生能够拥有适应终身发展和社会发展的必备品格和关键能力。而语文核心素养集语文识字与写字、阅读与鉴赏、表达与交流、梳理与探究等语文实践活动为一体，具有密不可分的整体性特点。此外，学生必须通过各阶段持续性的学科学习逐步形成正确的价值观、必备品格、关键能力。这进一步指向语文核心素养还具有内隐性和阶段性的特点。因此，教师想要在不同的教学阶段，依据不同的单元学习目标，可视化地提升学生语文核心素养，必须借助综合性的学科实践活动。通过设置真实的学习任务、语言运用情境，提供必要的学习支架，才能培养学生运用语文积累或所学分析解决问题的能力，从而把语文核心素养落实到学生的学习过程中去。

单元整体教学从关注、提炼、整合单元人文主题与语文要素出发，确定单元教学目标，进而转化为单元学习主题、学习目标。通过思考创设符合学生特点的真实情境、学习任务，开发学习工具、评价量表等，引领学生学会运用所学知识应对各种真实复杂的问题，合理解决现实生活中各具挑战性的真实任务，从而全面提升发展学生的核心素养。因此，在单元整体教学中，创设丰富的情境、布置合理的学习任务，是有效推进落实语文核心素养的必要方式。

二、"情境"与"任务"在单元教学中的体现

（一）线下：课时任务与单元任务并进

部编版七下第一单元的人文主题为"杰出人物"。其中涉及博学睿智的科学家邓稼先、杨振宁，有爱国诗人、学者、民主战士闻一多，更有伟大的文学家、思想家鲁迅先生，还有杰出的诗人臧克家、作家萧红等。这些人物身上散发出的光辉品质有助于唤起学生对理想的憧憬与追求；有助于学生思考认识"人"的价值，思考有意义的人生。语文要素为"精读"，学生注意把握牵动全篇的关键语句，学会字斟句酌、透过细节描写把握人物特征、作

者情感。在对学情进行充分关注与调研后，发现学生在人文主题方面与杰出人物所处时代有疏离感，伟人往往被标签化对待；在语文要素方面还存在不能根据具体情况确定文章的关键语句，细节描写与一般描写界定不清，理解赏析笼而统之、大而化之等问题。基于此，可以确定单元学习目标，并设计出"感受风采，走进内心，我为伟人建微信"的单元活动任务，力求拉进学生与杰出人物之间的距离，借助学生熟知常用的"微信"社交软件，请学生为课上学过的杰出人物建一个虚拟微信，要求以课文为依托，忠实人物的生平经历，力图还原人物丰满的精神世界，展现对人物的深入了解；并以"任务提示"的方式为学生提供"如何搜集资料、提取关键信息、建立微信及朋友圈"等学习工具、策略方法的脚手架，整个实践过程培养了学生"阅读与鉴赏""表达与交流""梳理与探究"等方方面面的综合能力。

为了体现单篇学习与单元整体学习的关联性与进阶性，充分发挥《邓稼先》这篇课文的篇目价值，在教学过程中，引导学生逐步落实语文要素，学会利用小标题把握内容，能够勾画关键语句了解典型事迹，学习借助议论抒情句体会情感。并基于真实学习生活的需要，引导学生拓展阅读相应篇目，落实单篇实践任务制作电子班牌"从崛起到腾飞——致伟大的科学家"。这样不仅逐渐提升学生依据学习任务搜集筛选资料的能力，而且在年级形成了热爱科学、致敬科学家的浓厚氛围，引导学生开始思考构建自己有价值的人生。

学生研究探索的积极性非常高。在"致伟大的科学家"制作电子班牌的实践任务中，学生们自选角度，有的搜集整理我国"两弹一星"科学家的资料；有的搜集整理我国目前航空航天方面的伟大成就；还有搜集整理我国冬奥里的科技创新。在"我为伟人建微信"的单元活动任务中，有的学生关联之前学习过的文章或读过的整本书内容为伟人创建朋友圈；有的学生通过查找整理相关资料，结合伟人的特殊身份及生平经历为其创建相对真实的朋友圈；还有的同学图文并茂，结合伟人的名言、发表的著作、经历的重大历史事件等为其创建并更新朋友圈……呈现的形式、内容足见学生对人物特征的把握，对人物品质的理解，对单元人文主题及语文要素的深化与落实。

单元学习的过程中不仅增强了学生的学习探究兴趣，更加培养了学生在学中做，在做中学的问题解决能力；提升了学生关联文本，搜集、筛选、整理、运用信息的能力；消除了学生与时代、与文本、与伟人之间的距离；增进了学生对伟人的光辉品质、平凡真实的深入了解，有利于唤起学生对理想的憧憬与追求，充分落实了立德树人的育人目标。

（二）线上：小组任务与挑战性任务并举

根据防控需要，学生由在校学习转变为线上居家学习的方式。原来线下小组学习、深度探究、展演赏读等方式均不再适用，相应地线上学习学生的专注力、自控力不强等弊端也难以回避。这时学生正要进入第四单元"中华美德"的学习单元。如何依据本单元人文主题、语文要素，深挖单元文本价值、内在关联设计出以学生为主体、能充分调动学生学习兴趣的单元学习任务显得势在必行。

为此在开启单元学习前，先引领学生充分关注单元导语，明确了"中华美德"的人文主题及什么是"略读"，如何"略读"的语文要素，进而和学生一起明确了单元学习目标。围绕目标确定了"修身正己，德行天下——创建中华美德主题公众号"这样有挑战性的实践任务。以人民日报评"有为青春""共青团成立一百周年"为情境载体，借助三个提示逐步引导学生思考公众号的构成要素。比如：首先让学生明确公众号的构成要素，可以结合学校的公众号页面，引导学生发现建立一个公众号所需要的名称、logo、栏目、文稿、图片、音频、视频、排版、设计等诸多要素；接着让学生关注本单元学习内容和公众号之间的关系、如何推进任务过程，可引导学生围绕中华美德，可以尝试开辟"美德美文"我推荐、"秒懂美德"我定制、"美德故事"我来写等几个专栏；最后让学生思考如何通过小组合作，发挥个人最大价值，顺利完成任务。例如：可以进一步引导学生需要构建怎样的年级、班级编辑团队，各团队需要怎样的栏目负责人等问题。这样的任务活动不仅落实了单元目标，更初步尝试了在跨学科学习中提升探究兴趣，使学生萌发对未来职业的初步感知及职业期待。

在任务推进的过程中，可以说师生都面临着一些挑战。首先要充分正视线上教学的优势与不足，充分扬长避短，才能达成最佳的教学效果。因此利用线上教学之便发布"微信通知"调动学生的积极性，并设计发布"传承中华文化，弘扬传统美德"的投票小程序，号召全体学生根据必读须知认真参与投选。小组成员则各展所长，设计出很多理念深邃、设计新颖的作品，最后"明德至善"以131票好成绩拔得头筹。

之后随着任务的推进，又把以班级为单位的编辑团队进行了类别细化、明确任务，过程中不免有些小组会产生畏难情绪，此时教师要及时关注，提供必要的帮助和指导，最终每个班级六个小组均圆满完成了所有实践任务。其实，建立公众号的实践活动是相对综合的跨学科学习，如何建立公众号教师也需要和学生一起摸索共同研究，为此师生还召开了腾讯会议与学生"共研难题""共克难关"。接着实践活动进入高潮，学生们的参与热情，对语文学习的兴趣也愈加浓烈，争先恐后想加入各类编辑团队。最后随着单元学习进入尾声，学生还自发成立了"第一研究天团""字里行间编辑部"等微信群，主动及时向老师请教习作或任务完成中的各种问题。更让老师惊喜的是，其中一个小组发布在"秒懂美德"栏目上的作品不仅使用自己真实生活中的影像资料诠释对本单元中华美德的认识，还自觉关联了单元综合性学习"孝亲敬老"的内容，可谓达成"瞻前顾后""学以致用"的目的，这也充分达成了我们立德树人的教育目标。

（三）"情境"与"任务"的再思考

在开展不同形式的线下线上单元整体教学中，虽然师生均获得了不同程度的收获和能力的提升，但也确实有值得再思考再提升的空间。比如单元整体教学对教师结构化思维能力要求很高，需要充分关注了解学情及当下生活特点，关注教材的横纵向关联，单元内部的逻辑关系，这都需要教师投入大量的时间精力备课磨课，因此哪些单元或篇目适于情境化、任务化的整体设计需要教师及备课组综合、细致地考量。

另一方面，对于"情境"维度的理解，也需要更加全面科学。真实情境应具有真实性、情境化、有吸引力的特点，能整合知识技能、体验问题解决、强化已学成果策略、含有迁移运用获取新知等优势。目前教学中所关注的情境与任务教学，大多集中在"社会生活情境"这一维度，但对于"感受文学作品所描绘的情境""学习主体所置身的客观自然的交际情境"也应充分重视，否则语文教学中发展学生探究学科认知能力的目标将无法达成。教学过程中只有综合有效地运用情境，设计适合学生特点的学习任务，才能真正助力学生核心素养的发展。

新课标视域下数学整合性实践活动的开展策略

张伟

开展数学整合性实践活动是深化教育改革的需要，学生全面发展的必然要求。"核心素养"的提出，是中国教育从"知识核心时代"走向"核心素养时代"的标志。学习不仅仅是课程内容的学习，还是学生智力建构与社会性发展的综合过程。现代课堂必须关注"核心素养"，从人的全面发展角度出发，体现"促进人的全面发展、适应社会需要"这一要求，解决的是"培养什么样的人"的问题。开展数学整合性实践活动是落实"双减"政策，减轻学生学业负担的需要。开展数学整合性实践活动是搭建知识与能力的桥梁，一方面实现大概念下数学学科知识的一致性；一方面可以帮助学生认识到不同学科之间的联系和相互作用，促进知识的整体化、结构化，进而增强学生的综合能力，体现不同学科融合的共同教育价值，体现打破知识壁垒的学科软化边界性。开展数学整合性实践活动是2022版新课标强化"整体性思想"在核心素养中的落实。新课标中"整体性"出现多次，结构化、关联性、一致性、阶段性等都是整体性在不同层面的具体表现。数学整合性实践活动可以实现数学知识的一致性应用，也可以激励学生运用多种学科知识去解决实际问题，相较于单一的学科实践，具有更强的实践性、探究性、综合性、创造性等特点，能有效提高学生操作力、创造力和综合解决问题的能力，帮学生建立系统化知识，提升学习能力，发展多学科核心素养。

一、基于大概念，进行数学实践活动结构化设计，促进学生知识系统化

学科大概念，是指能够体现学科本质、反映学科思想方法的上位核心概念，是具有高度概括性、极强实用性、广泛联系性、最强解释性的关键概念，通过联系下位具体概念，聚合相关内容表征学科本质，增进学生对学科本身的认识与理解。下面，笔者以北师大版数学五年级上册《分数的意义》为例，基于"大概念"下，讲解从大概念视角出发的数学实践活动设计，是如何帮助学生实现分数知识结构化的。

教材分析：分数是小学数学概念教学中的一个重要内容，它还是一个内涵丰富且多元的概念，与很多概念密切相关。北师大版数学关于分数的学习分为两个阶段：第一阶段在三年级下学期，目的是让学生初步认识分数；第二阶段在五年级上学期，目的是让学生深入了解分数。北师大版数学五年级上册第五单元《分数的意义》，学习内容包括认识分数单位，理解分数与除法的关系，能进行假分数与带分数的互化；掌握分数的基本性质，会进行分数的大小比较；能找出 10 以内两个正整数的公倍数和最小公倍数及 100 以内两个正整数的公因数和最大公因数，会正确进行约分和通分。对单元进行分析，会发现分数单位贯串整个单元教学，所以本单元主题定为基于分数单位，探索数的概念一致性。

数概念本质上的一致性主要体现在两个方面：一方面，整数、小数和分数都是对数量关系的抽象；另一方面，无论是整数、小数还是分数都可以从计数单位个数的角度来认识。基于大概念"数的一致性"设计数学实践活动，我为分数代言——《分数自画像》。活动要求：任选一个分数，结合本单元的知识从多种角度进行介绍。开放性的数学实践活动，调动了学生的学习兴趣，学生联想到介绍整数、小数的方法，从分数的组成（分数单位）、分数的运算、分数的意义等多维度去介绍分数，一个任务调动了学生已有知识经验，并因需用上本单元知识，帮助学生对分数知识系统化梳理，发展了学生量感、应用意识和创新意识。

二、依托真实情境，提升数学实践活动真实性，增强学生解决问题能力

新课标在数学总目标中提出："体会数学知识之间、数学与其他学科之间、数学与生活之间的联系，在探索真实情境所蕴含的关系中发现问题和提出问题，运用数学和其他学科的知识和方法分析问题、解决问题。"《新课标》提出，"数学素材的选取应尽可能地贴近学生的现实，以利于学生经历从现实真实情境中抽象出数学知识和方法的过程……"所以，教师要选择真实的生活情境，把现实生活中学生熟悉的事物，自然、社会中的现象和问题通过合理整合，以情境再现的方式融入学生数学学习过程中，让学生在真实生活情境驱动下打开深入探究、发现世界的多元通道。

在学习北师大版数学五年级上册《轴对称和平移》《多边形的面积》《组合图形的面积》以后，依托杭州亚运会真实情境设计了数学实践活动《我"行"我"数"，我为亚运"趣"助力》。活动要求：①根据杭州亚运会奖牌的设计方案，自行设计校运动会的奖牌；②想办法估算或计算出奖牌的面积。学生在了解亚运会的奖牌设计理念时，明白了奖牌的寓意和杭州相关的传统文化，也明确了设计奖牌时除了运用数学轴对称知识之外，还要考虑文化、寓意、图案、色彩搭配、美观性等要素。完成运动会奖牌的设计后，学生又进行面积的估算，有学生在方格纸中估算，有学生把奖牌抽象为平面图形使用面积公式进行计算。通过体验式、探究式的实践活动培养了学生在真实情境中解决问题的能力，拓展了学生的视野，增强了学生的应用意识，提高了学生综合运用轴对称、平移、图形面积等知识解决问题的能力。此次学科实践活动不仅激发了学生学习的热情，发展了学生的空间观念，展示了学生的创造智慧，同时锻炼了学生将数学知识应用于生活的能力，通过在班级汇报展示，也发展学生的数学表达能力。

三、实施跨学科整合，提高数学实践活动综合性，发展学生综合素养

跨学科教学是以某一学科（要学习的学科）为主导，通过其他学科资源的介入，有效地解决问题，更好地达成教学目标，并在探究过程中全面培养和训练学生的学习能力和综合素养。

"小小理财家——挑战20元购物"课程，是以数学学科为主导，与道法、语文习作整合的跨学科课程。为什么跨学科整合？要从教材本身和学生学情说起。

教材分析：本节课是北师大版数学二年级上册第二单元《购物》的内容。单元目标是：①认识不同面值的人民币，知道1元=10角，1角=10分。②创设生活购物情境，使学生在具体情境下学会多样的付钱方法，能正确计算找回钱数。③能从生活中发现数学信息，提出问题并解决问题，让学生体会数学与生活紧密联系。

学情分析：二年级学生对于生活中购物这个环节已经有了初步的尝试和认识，他们知道生活中是需要用人民币购物的。但由于学生的年龄较小，对事物的好奇心较强，所以对于很多的东西会很盲从，因此也就不知道如何购物，也不知如何购物才是合理的购物。因为缺乏生活经验，不了解一支铅笔、一块橡皮的价格等等。对于数学习题中出现的"省钱"也不是很理解。

基于教材分析和学情分析，开展"小小理财家——挑战20元购物"课程，这是一次真实的购物实践活动。这种跨学科整合实践课程实施取得了一定效果：①通过真实的超市购物活动，复习学过的有关人民币的知识，提高学生能够正确地付钱、找钱等解决问题的能力。②结合道法课《合理购物》，培养学生们的市场意识以及经济意识，培养他们合理理财的能力并懂得节约。③最后，让学生回顾梳理自己购物过程，与语文整合并写下数学日记。这种方式很好地实现了学生形成性评价与过程性评价。这种跨学科整合课程，在实践中帮学生巩固了数学知识，也帮助学生建立数学与实际生活的联系，体会数学知识间的内在联系，发展对数学价值的初步认识。同时，也能提高学生表达交流、解决简单实际问题的能力，培养合理的消费观。

进入新时代，学科核心素养、深度学习、真实情境、问题解决的课程整合性教学是当下促进学生发展的需要，显然新课标视域下的数学综合性实践活动也是教育改革的重要方式之一，这些都是成为培养拔尖创新型人才与复合型人才的重要举措。整体来看，开展新课标视域下数学综合实践活动的探究，符合当下教育和课程变革的趋势，体现落实培育学生学科核心素养对课程整合提出的新要求。

"5E"模式下英语单元整合项目化学习的教学实践

张悦

一、问题的提出

2022年4月，《义务教育课程方案（2022年版）》（以下简称《方案》）和《义务教育英语课程标准（2022年版）》（以下简称《课标》）正式发布。《方案》要求"开展跨学科主题教学，强化课程协同育人功能"，"原则上，各门课程用不少于10%的课时设计跨学科主题学习"；《课标》则要求"开展英语综合实践活动，提升学生运用所学语言和跨学科知识创造性解决问题的能力"。

应2022年《义务教育课程标准》以素养为导向的需要，聚焦项目任务，将其融入小学英语单元整体教学中，运用项目化学习设计的步骤进行单元整体教学的设计，对学生英语核心素养的培养起着极其重要的作用。这不仅有助于解决原有教学中存在的问题，而且为学生提供了体验问题解决的过程，丰富了学生的学习方法和途径，促进了单元教学的有效实施，使小学英语课堂教学焕发新的生机。

本研究聚焦项目任务，展开小学英语的单元整合，设计更为具体的单元整体教学的学习方式。首先，从教师角度来讲，聚焦项目任务，作为一种新型的学习方式，为英语教学拓宽了新的途径及模式，不断反思和改进教学，使课堂教学焕发新的活力。其次，从学生角度来讲，学习可以呈现出不同的样式和形态，学生在真实的问题解决中学会使用知识和创造。通过这种新颖的学习方式，有利于激发对英语学习的兴趣，使学生明确了学习目的和意义，学生基于任务需要自主设计学习过程，有效发展学生的思维。

二、理论依据和核心概念

"5E"教学模式是美国生物学课程研究会（BSCS，1989）开发的一种基于建构主义教学理论的模式；该模式共分五步，分别是吸引（Engagement）、探究（Exploration）、解释（Ex-planation）、迁移（Elaboration）和评价（Evaluation）。吸引环节激发学生的学习兴趣；学生在探究环节进行具体的探究活动，并在解释环节尝试用自己的理解阐述对概念的认知；迁移环节学生用新概念解释新情境或新问题；评价环节师生共同评价学生对新知识的理解及应用能力。该模式在开发之初主要用于生物学，但其独有的层次化和探究式学习方式对英语学科教学同样具有指导意义。

托马斯（Thomas）、康德利夫（Condliffe）等人认为高质量项目化学习具有素养目标、驱动性问题、持续探究和全程评估等四大要素。在"5E"教学模式下开展单元整合的项目化学习活动，通过整合提炼单元主题，为学生提供探索大观念的机会；让学生在探索过程中发展语言能力、培育文化意识、提升思维品质、提高学习能力，有助于达成素养目标。基于教材内容、结合真实情境提出的驱动性问题，有助于将教材内容和项目化学习融合，为学生提供持续探究的机会；而贯穿项目化学习活动的评价，则体现了全程评估的理念。因此，在"5E"教学模式下开展跨单元整合的项目化学习，是学习素养视角下的项目化学习活动，体现了高质量项目化学习的特征。

"5E"教学模式下开展单元整合的项目化学习包含五个环节：在引入环节，教师围绕大单元主题提出基于真实情境的驱动性问题，引导学生入项；在探究环节，学生小组合作自主探究，通过学习教材内容，建构知识和能力，合作探究语言的知识体系；在解释环节，学生将探究环节已经建构好的知识运用于项目任务，形成并修订成果：在迁移环节，学生应用新知进行产出，并公开成果；在评价环节，学生通过多维评价的方式总结经验、复盘反思。

三、"5E"教学模式下单元整合项目化学习的实践

笔者以人教版三年级第三单元 Food 为例，阐述如何在"5E"教学模式下开展跨单元整合的项目化学习活动。

（一）梳理教学内容

本单元围绕人与自我范畴下，生活与学习主题群中饮食和健康的子主题展开，单元内容围绕 Food 这一单元主题展开，涉及六个核心语篇，包括对话、短文、说明文和故事等。

Lesson 1：学习并拓展了常见食物的词汇，能够用已经学过的句式 Do you like...? 询问他人是否喜欢某种食物。

Lesson 2：学习用来询问一日三餐想吃什么的单元功能句 What do you want for...?

及其答语：I want... 并在恰当的情境中运用。

Lesson 3：读懂关于"家庭购物清单"的小文段，并尝试写出自己的购物清单。

Lesson 4：运用核心词汇进行餐厅点餐，表达自己的需求。

Lesson 5：了解如何制作三明治，并尝试按照自己喜欢的口味调整配料制作三明治。

Lesson 6：阅读并表演本单元的小故事，明白想要分享别人的东西，必须经他人同意。

（二）提炼单元主线、分线任务

通过对单元内容的梳理和分析，确定在单元内围绕 How to cook a delicious meal? 开展项目式学习，将单元大任务拆分为以下子主题。

子主题 1：The healthy food I like。了解种类丰富的美食，罗列你喜欢的健康食材，培养健康饮食的意识。

子主题 2：My favorite food for three meals。调查家庭成员每顿饭想吃的内容，制定家庭一日三餐搭配表。

子主题 3：Making the shopping list。根据需求制作购物清单。

子主题 4：Shopping for food。实地超市购物，录制视频，介绍购买过程。

子主题 5：Let's learn to cook。学习制作美食的过程，模拟动手制作美食。

子主题 6：Let's share the food。学会分享美食，体会分享之乐。

（三）重构单元目标

笔者以大单元主题和驱动性问题为引领，重构单元教学目标。完成大单元学习后，学生应能够：

（1）能够听、说、读、写与食物相关的词汇 potato, bread, cake, fruit, ice cream, tomato, meat。

（2）能够在恰当的情境中运用功能句式询问和回答每顿饭所吃食物：What do you want for …? I want some...

（3）能够表达自己和他人对食物的喜好，通过情景对话、短文阅读、购物清单的制作、食物的制作等深入谈论自己和他人对食物的喜好和意愿。

（4）学生能够制作食物并表达制作方法步骤，结合一日三餐合理搭配健康饮食，并简单介绍。

（四）结合"5E"教学模式，开展单元整合项目式学习活动

1. 引入——提出问题，入项探索

在引入环节，结合大单元教学内容，教师通过提出基于真实情境的驱动性问题吸引学生入项探索，布置项目化学习任务。

（1）创设情境，引出主题

课堂上，教师通过美食视频的观看，激活旧知，激发学生制作美食的热情和动力，为本单元主任务的引出做铺垫。教师通过情境语境的搭建：国庆假期即将来临，你想为家人做一顿可口的美食吗？增强学生的学习动机，引出本节课主线任务 How to cook a delicious meal?

（2）分解问题，吸引入项

为了制作可口美味的美食，首先我们需要先了解食材，选择喜欢的健康食材；然后调查家庭成员每顿饭想吃的东西，制作家庭三餐搭配表；根据搭配表中的食材制作购物清单，图文并茂画出来；并带着购物清单去超市实地购买食材，简单介绍购买过程，录制视频；最后学习如何制作简单美食，自己尝试动手制作美食，录制视频分享，并以小组为单位，将自己单元内的收获制作成翻翻书或 PPT 等自己喜欢的形式在班级内进行展示。

在引入环节，教师抛出问题引发学生的认知冲突并逐步分解问题，最终提出基于真实情境的驱动性问题，吸引学生入项探索。在分解问题的过程中教师用学生已有的背景知识作为脚手架，降低问题难度，找出学生的知识差距以此激发学生的探究兴趣。

2. 探究——小组合作，建构知识和能力

开展单元整合的项目化学习活动，教师需要将课堂教学与项目实施有机整合。因此，探究环节中学生以小组合作学习的方式探究教材内容，建构项目实施所需的知识与能力；在学习理解的基础上，通过应用实践内化所学，形成语言知识体系，促进知识的结构化。

表 1　单元整合项目式学习任务单

	项目入项	项目式学习：How to make a delicious meal?				产品展示
项目分解任务	第一课时 The healthy food I like	第二课时 My favourite food for three meals	第三课时 Making the shopping list	第四课时 Shopping for food	第五课时 Let's learn to cook!	第六课时 Show time
课堂资源支持	课本24页文本内容相关图片或视频	课本25页文本内容相关图片或视频	课本26页文本内容相关图片或视频	课本28页文本内容相关图片或视频	课本29页文本内容相关图片或视频	
项目作业	调查家人喜欢且健康食材	调查家庭成员口味，制作家庭一日三餐表	根据一日三餐表制作购物清单	根据购物清单实地购买食材，录制视频	学习简单美食制作，练习制作美食，并录制视频	小组内练习小组成员的大厨成长记，并在班级内展示，翻翻书、PPT 等任选喜欢的形式展示

续表

	项目入项	项目式学习：How to make a delicious meal?			产品展示
跨学科知识	营养学；调研	营养学；调研；美术	营养学；调研；美术	视频编辑；	劳动；视频剪辑
任务作品	可备选食材清单（食材分类）	家庭一日三餐表	购物清单	食材购买解说视频	制作简单食物 volg	大厨成长介绍
评价模式	评价表-自评生生互评 语言准确度、流畅度 调查全面度 版面设计美观程度	评价表-自评生生互评 语言准确度、流畅度 包含搭配合理性、版面设计美观程度	评价表-自评生生互评 语言准确度、流畅度、画面精美程度	评价表-自评生生互评 语言准确度、流畅度、视频制作等方面评价	班级内投票，选出语言流畅、菜品制作程度、后期制作等方面评价，选出最佳大厨	班级内学生代表打分评价 合作产品完整度 展示情感饱满 语言准确流畅 表达自信，声音洪亮
语言支持	Do you like…? Yes, I do. No, I don't. What do you like to eat?	What do you want for breakfast/lunch/dinner?	I want some…	I need some… I get some…	Put the…on the… Eat the…	

为了帮助学生更好地聚焦项目任务，教师下发项目化学习任务单（见表1），以提供支架式的帮助。

学生通过小组合作的方式，根据每课时项目分解的任务，教师引导学生发表个人观点，确定探究方向，借助教材目标语言，以及老师提供的语言支持，组内练习使用核心语言进行对话，通过每课时在完成实际任务中对目标语言的练习，不断巩固、内化语言，同时培养了学生自主探究能力，培养学生乐学与善学能力。

在探索环节，教师引导学生以小组合作的方式进行探究。学习任务单有助于学生围绕主题，通过任务"分步走"的方式，保证项目化学习活动顺利开展。结合不同课型，教师带领学生探索教材内容、探究语言的知识体系。对学生而言，在探索环节经历"个人提出观点—知识建构—知识内化运用—形成知识体系"的过程，逐步探究如何用英语实现从选择食材、制定餐谱，到制作购物清单、购买食材、制作美食一系列过程，将原本零散的知识点串成系统化的知识网，为理解大单元主题意义作好铺垫。

3. 解释——展示分析，形成与修订成果

在此环节，学生将上一环节已经建构好的知识运用于项目任务，小组合作形成初步成果，并通过展示、分析，明确要求并修订成果。

（1）确定主题，小组分工

在完成知识与能力建构后，各小组选择自己喜欢的展示形式呈现本单元各任务的成果，

不同成员分工负责介绍不同的单元分任务成果，并对具体分工进行细化。

Member	Content	Extra task
student 1	The healthy food I like	Take charge of the project and make a short summary of the whole presentation
student 2	My favorite food for three meals	Write the script
student 3	Making the shopping list	Make the PPT/video/the big book
student 4	Shopping for food	Search for information online and reacord what group men: bers do during the project
student 5	Let's lear to cook!	Make the PPT/video/the big book

在此过程中，教师观察学生的讨论情况并就学生遇到的困难提供帮助。

（2）初稿展示，提出建议

确定项目任务后，各小组按照分工完成初稿，并在课下向教师进行展示介绍。教师要求学生就各小组的初稿展示提出自己的意见和建议。学生充分发表观点，从课件内容、学生呈现、字体大小、海报构图、视频画面等方面提出建议。

（3）对比分析，修订成果

接下来，请学生按照教师所提建议进行有针对性的修改和调整，不断完善并练习作品，学生用上一环节已经建构好的知识解释新问题。教师作为学生学习的支持者和引导者，提供必要的帮助并引导学生思考如何修正成果。学生通过对比分析，明确要求并修订成果。对学生而言，经历了"展示—批判，质疑—修正"的过程，通过组员间的分析解释，逐步明确如何完成项目任务。同时，如何设计制作翻翻书、课件和视频，问题都是学生在项目化学习过程中实际碰到且需要小组合作探究解决的。这样的学习活动有助发展学生的合作和沟通能力。

4.迁移——应用产出，公开成果

在迁移环节，学生应用新知进行产出，并公开项目成果。在迁移环节，学生以大厨成长记的主题公开成果，学习交流。项目化学习成果从无到有的产生，是一种学科融合的结果，能激发学生的创造性思维。学生用所学知识在真实情境中解决驱动性问题，知识的掌握方式从不同情境和条件下的反复操练转变为从旧情境中提炼出抽象的核心概念或方法，并应用到新情境中，有助于实现大单元育人目标。

5.评价——多维评价，复盘反思

评价反思是项目化学习中不可或缺的重要步骤。在评价环节，学生通过多维评价复盘反思。本次单元整合项目化学习中，学生在 Self-check 环节通过互评的方式对其他组的项目成果和小组成员参与度等进行多维评价，并积极撰写反思。这样的评价方式使每个人都是评价者，也是被评价者。学生通过撰写反思的方式对项目进行复盘，发展学生的批判性思维。

不同维度的评价量表保障了全程评估。小组互评和复盘反思有利于发展学生的批判性思维能力。让学生在交流和评价中学习、思考、成长。基于项目整体考虑的改进建议，则有助于学生收集经验，为后续活动做好准备。

四、成效与反思

实践研究发现，"5E"教学模式下的跨单元整合项目化学习能激发学生的学习内驱力，让学生在有意义的情境中学习真实的语言，并在大单元主题引领下实现知识的内化和迁移，将学习素养培养转化为持续的学习实践，提高了跨学科思维能力、实践探究能力、高阶思维能力和合作沟通能力。在此，笔者就"5E"教学模式下进行单元整合项目化学习提出几点建议。

一是梳理单元主题。要开展跨单元整合的项目化学习活动，教师需仔细梳理教材中不同单元之间的内在联系，挖掘其共通性，提炼大单元主题，并提出基于真实情境的驱动性问题，以实现主题、情境和任务相统一。

二是关注任务适切。教师应当根据学生的实际水平和能力，提出驱动问题、明确项目任务，让学生在跳一跳够得到的范围内建构知识、解决问题、培养语用、发展能力，切忌因任务难度过高影响学生的积极性。

　　三是提供必要资源。为了更好地开展项目化学习活动，教师应为学生提供必要的学习资源，以帮助学生在项目开展过程中更好地聚焦并完成任务。

　　"5E"教学模式下的单元整合项目式学习能促使学生在主题进阶式学习探究过程中提升学习能力，并在解决问题的过程中发展语用能力，使《方案》所要求的各门课程用不少于10%的课时设计跨学科主题学习成为可能，最终促使学科核心素养培养落地，实现育人目标。

第三章　以学科实践活动为载体的单元整体作业设计

作业是课程与教学活动的重要有机组成部分，对学生体验和建构生活的意义、发展学生素养和提升学业质量、优化师生关系具有重要的作用。良好的作业设计与实施能力应该成为教师必备的专业素养。"双减"政策的主旨是"减去繁重的课业内容、摈除盲目无效的作业形式，以保证内容的高质量、形式的创新化和主体的多样性"。面向"双减"，基础教育高质量的作业设计成为新时期教学改革的重要议题。以素养为导向、以整体为对象、以生活为依托等理念应当成为提高作业设计质量的重要思想路径。

一、现实困境，基于问题着力改变

当前，教师的作业设计能力存在意识不强、质量不高、研究滞后等困境。从教师自身角度，要转变作业观念，用育人的眼光审视作业功能；要明晰作业设计要素，用专业的眼光设计作业；要规范作业设计路径，用可视化支架设计作业。从学校管理角度，要加强作业管理，用体制机制促进教师作业设计能力提升。

一是作业设计意识不强。作业是学生学习活动的一个重要环节。很多教师对自己在这一环节中的角色如何定位不甚明确：教师到底是作业的组织者，还是作业的实施者，抑或是作业的设计者。少数教师将自己定位为学生作业的设计者，能够从多种资料中精选作业，极少数教师能做到改编作业、创编作业，给学生布置个性化的作业，满足学生个性化、差异化学习的需要；多数教师缺乏作业设计的意识，普遍存在重课堂教学轻作业设计、重作业批改轻作业布置、重作业结果轻作业过程等现象。

二是作业设计质量不高。作业质量好坏与学生学业水平高低密切相关，高品质作业是高品质教学的重要表现。当前，学生的作业内容多为学科的基本知识和基本技能，少有针对学生高阶思维的高品质作业；作业形式多为书面作业，少有动口、动手的实践性作业；作业功能上多为巩固性作业，少有趣味性、探究性、拓展性作业。

三是作业设计研究滞后。"双减"政策出台后，教师普遍意识到作业设计的重要性，也尝试进行作业优化与设计的探索实践，但苦于没有专业技术的支撑，教师行动实践的效果往往达不到预期。教育主管部门多形式上的督查，少专项的师资培训；学校教学管理部门多硬性规定，少具体指导；各学科组备课组多浅尝辄止，少切磋琢磨。

二、素养导向，准确定位作业功能

作业是教师在教学活动中最熟悉的"事务"，但是在以往的教学中，更多的是简单地重复做题、机械训练，"拿来主义"和"大水漫灌"。在教育高质量发展的今天，只有充分认识作业的育人功能，作业设计才能有的放矢，这是高质量作业的源头。为此，教师要精准滴灌，充分认识到作业在诊断和补偿中能促进学习效率提升；在独立自主、猜想发现中能改进学习方式；在分析错题、不断反思中能优化学习策略。让作业会说话，成为正确价值观、必备品格和关键能力培养的载体，以及师生沟通交往的桥梁，通过作业实现心灵与思维的互通和共鸣。作业设计要符合孩子的个性特点、成长规律与发展需求，规划科学，关注孩子学习能力的发展，真正站在核心素养的高度进行设计，改变学生思维，启迪学生智慧，温暖学生生命。

三、注重整体，作业设计与课改同频

"双减"背景下，以立德树人为根本任务，通过课题研究，推进、深化课堂教学改革。整体考虑学生不同阶段的学习，如课前、课中、课后之间的关联性和系统性，高度重视不同阶段作业设计之间的知识衔接和逻辑联系，真正实现作业的诊断、反馈、巩固、矫正等评价功能。特别是在单元的基础上整体建构知识体系，关注单元与单元之间、章节与章节之间的整体系统性和序列性，从而设计好单元或章节的系列作业。如做好课前、课中、课后作业的整体递进设计，保证课时作业的完成与课内学习相辅相成。在课前预习阶段做好准备性作业的设计——即预习环节的学习任务设计。在预习阶段，可以借助此类作业引导学生进行学习准备，如知识性的准备、技能性的准备和物质性的准备，为新课的学习打好基础。布置课前作业，可以引导学生进行课前自主学习，通过分析学生课前作业结果，可以发现学生较易掌握的内容及面临的学习困难，进而制定有针对性的教学策略开展有效教学。在课堂学习阶段做好随堂形成性作业的设计——即精习环节的学习任务设计。通过知识梳理、随堂巩固练习检测，对课堂学习进行初步的知识梳理、巩固和及时反馈，为教师研判学情、调整教学设计提供依据。在课后做好课后作业的设计——即温习环节的学习任务设计。课后作业成为课堂学习的一种自然延伸，具有对课堂所学知识的巩固练习、深化拓展、实践应用的功能。课前、课中、课后三类作业与三类学习策略相适应，保证课前、课中、课后各阶段学习的连续性。保证作业作为一种学习活动的循序渐进，使作业与学习活动的不同环节构成螺旋上升的系统，不断提升学生的学习力。

四、以生活为依托，让综合类作业点化生命

按照不同的标准，可以将作业进行多样化的分类。其中，综合类作业是创新性作业的重要内容。综合类作业主要包括实践性作业、跨学科作业、长周期作业等类型，强调发展学生合作、探究、创新、问题解决等能力，充分体现了核心素养的要求。在教学实践中，综合类作业设计可以围绕两个主要路径展开。

一是凸显问题情境的创设力。尤其注意联系学生生活，旨在解决真实情境中的问题，让学生经历发现问题、设计问题解决的方案，直至问题解决的过程。比如道德与法治学科在学习"师长情谊"单元时设计的单元作业："我为老师（家长）做件事。"学生完成的作业就是真实的生活，但是作业的完

成却让孩子们在给家长洗脚、给老师画像的细节中触动心灵，增进对师长的了解，体现了教育无痕的思想。此外，在创设作业情境、选择作业素材、设计作业任务时，要注重体现思想性，精选体现党和国家方针政策的内容情境。例如，结合重大突发事件背景，把抗疫防疫作为作业设计的重要素材等等，潜移默化地引导学生形成正确的价值观。

二是侧重体现跨学科知识整合、开放性任务的设计力。多学科融合，通过设置开放的任务条件、问题解决策略，激发学生的发散思维和创造性。完成方式强调小组合作，通过小组分工、合作、交流与研讨，共同完成作业任务。教师及时了解、掌握学生情况，并给予适当的指导。作业成果形式丰富，在展示汇报、观察比较、交流讨论的基础上，学生相互评价，自我反思。同时，这样的作业也成为家校联系的纽带，有利于促进家校共育共同体的形成。

五、立足三个聚焦，提高作业设计质量

一是聚焦支架，驱动学生超越"最近发展区"。苏联教育家维果茨基提出的"最近发展区"理论表明，教育对儿童的发展能够起到主导作用和促进作用，就智力方面而言，学生心理发展的各个层面都存在"最近发展区"。教师应该紧紧围绕学生的"最近发展区"，通过各种形式和学生互动，让学生在学习中看到希望，获取前进的动力，实现一步步发展、完善自己的教学目的。"最近发展区"理论启示我们，在给学生设计作业的时候要搭建有效的支架，帮助学生激活基于经验的"最近发展区"，为学生的不断超越提供可能。

二是聚焦情境，激发学生自主完成作业的兴趣。随着情境化命题的重视，作业设计也应该向情境化方向迈进。在教学中，教师要根据教材的具体内容和学生的内在需求，尽最大可能地开发利用情境资源，因地制宜，灵活设计作业。杜威提出的"做中学"的教育理念，值得我们教师借鉴。作业设计要强调"实践性"，就是让学生在情境中去学习、去感悟。要想给学生创设更多的成功机会，就必须改变传统的作业布置方式，让学生的作业和学生的实际生活结合起来。作业设计要适合每个学生的能力和生活背景。这种生活类

作业设计的依据就是教师鼓励学生在实践中运用所学知识的同时，会把所学的知识理解得更加深刻。当学生理解到自己所学的知识能够运用到自己生活实际的时候，他才会感觉到课堂所学的知识是有意义的，因而学习兴趣也会更浓，学习动力更足了。设计生活实际类作业，应该想办法让学生动起来，让学生走进生活情境去学习，去作业。

　　三是聚焦评价，预设多角度评价的可能。作业设计是一个系统的工程，需要教师提前思考学生作业的完成率、完成的质量等情况。这就需要有作业评价环节去落实。学生作业一般有"作业布置——作业回收——作业批改——作业评价——作业修改"五个环节。这样的流程适合答案相对唯一的作业，但是对于那些系统性作业就很难利用这个流程去操作了。合理设计作业评价环节，有利于及时反馈教学效果，有助于教师及时了解教学目标的达成度。作业评价体系应该立足于学生作业的实际和学生的学习状况，要能在评价的过程中发现尽可能多的教学问题，只有发现了问题才能使作业发挥应有的作用。作业评价要体现评价主体的多元化，教师和学生都可以成为评价的主体。作业评价最好是在师生对话和沟通中完成，采取民主协商的形式，在协商中寻求师生的共同发展。要鼓励学生互相评价，在作业完成之后，展开自我评价，进行反思之后，进行互评，把评价的权利还给学生。教师评价作业的时候还要学会运用多种语言，对于较差的作业，要学会运用含蓄的语言去提醒；对于那些优秀的作业，教师要大胆运用赏识性的语言去激励学生；对于那些个性化的作业，教师要善于运用个性化的语言去评价，让每位学生都能感受到教师对他的关注。

　　总之，作业设计是一项系统工程，体现了学校和教师的教育教学要求，牵动着社会家庭对教育的关切，需要教师不断地进行探索和实践，持续提高作业设计水平。

基于学科实践活动的单元整体作业设计

张军杰

作业是推进"有效教学"的一个载体，它本身是非常重要且有效的教育活动之一，能够帮助我们继续发展、扩充教学的价值；同时作业设计更是课堂评价的终端手段之一。如果说课堂教学是学生在老师的帮助下进行学习的过程，那么作业从独有的特质来看，它其实是学生自主学习内化的过程。因此，作业作为课堂实施的重要组成部分，作业的设计、实施的质量，均能够影响课程目标的达成。

一、作业目标设计与作业蓝图设计——促进教学评一体化

（一）作业目标设计

作业设计，要有目标导向，为保证作业目标与教学目标、评价目标的一致性，以第五章《定量认识物质的化学变化》为例，在设计时要以《义务教育化学课程标准（2022年版）》为理论依据，充分解读课标中学习主题、主题内容、内容要求、学业要求等内容，形成学习主题内容的结构图。在确定本单元在义务教育阶段的定位、功能以及价值后，针对课程标准中物质的化学变化主题下，与定量认识层面相关的内容进行了筛选，构建定量认识物质的化学变化，系统形成变化观念的内容结构。在课标的引领下，基于对于课程标准的解读、整理和分析，以及对学生情况的研判，再进一步结合教材、学情开展单元学习目标以及相关评价目标的制定。为了达成单元目标，本单元确定共计4课时以及7个课时学习目标，并将课时目标转化为评价目标，上述内容的制定对后续作业蓝图的设计有重要影响。

本部分以课时评价目标制定为例展开具体阐述：首先，它不能完全等同于课时学习目标，也不能单纯理解为完全相同或是从属关系，课时的学习目标、

评价目标具有一致性和互补性。再者，它是落实课程标准中学业要求的具体体现：以学生为主体，通过各类认知操作的行为动词体现出能做什么事或解决什么问题，可具体到某个知识内容或基本技能，也可以涉及价值观、态度、关键能力；表述要具体、可测量、可操作。

具体举例说明，以第1课时质量守恒定律，课时学习目标之一为例：通过实验探究认识质量守恒定律，了解常见化学反应中的质量关系。在设定课时评价目标时，我们需要将其具体体现为："能够解释常见化学反应诸如红磷与氧气、铁与硫酸铜等反应中的质量关系，认识并说出质量守恒定律的内容""能够依据质量守恒定律，认识碳酸钠与稀盐酸、镁与氧气等化学反应遵守质量守恒定律，能够从实验角度选取证据说明质量守恒定律。"总之，表述评价目标时，我们逐一通过"行为主体+限定条件+行为动词+具体内容或任务"这样的撰写格式，将其与课时学习目标形成一致性和互补性，促进课程的有效落实与实施。

（二）作业蓝图设计

有质量的作业设计，它的评价标准之一：是否最大程度化地助力到课程目标的达成，是否最大程度化地发展、扩充教学价值。在课标的引领下，依据初中化学课程实施的特点，设计第五章《定量认识物质的化学变化》单元整体作业蓝图设计，如下表所示。

课时学习目标	作业评介目标	功能	题号	时长/分	完成方式	类型	布置形式
1.1 通过实验探究认识质量守恒定律，了解常见化学反应中的质量关系	1.1.1 能够通过分析常见化学反应诸如红磷与氧气、铁与硫酸铜等反应中的质量关系，认识并说出质量守恒定律的内容	准备	3.1 3.2	6	纸笔习题	课时	必做 选做
	1.1.2 能够依据质量守恒定律，认识碳酸钠与稀盐酸、镁与氧气等化学反应遵守质量守恒定律，能从实验角度选取证据说明质量守恒定律	巩固	3.5 4.1 4.2	5	纸笔习题	课时	必做 选做

续表

课时学习目标	作业评介目标	功能	题号	时长/分	完成方式	类型	布置形式
1.1 通过实验探究认识质量守恒定律，了解常见化学反应中的质量关系	1.1.3 能够基于真实问题情景，应用质量守恒定律进行探究，开展实验设计与装置改进的深度研究，多角度分析和解决有关化学变化的简单问题	准备/发展	1.2 2.1 3.3 3.4 4.3	12	实验操作	单元前/课时	必做选做
1.2 从微观角度解释质量守恒定律	1.2 能够从微观角度解释质量守恒定律，认识化学反应前后原子种类、数目、质量不变	巩固	2.2 6	5	纸笔习题	单元前/课时	选做
2.1 通过分析具体的化学反应；理解化学方程式的含义	2.1 能够从反应物、生成物、反应条件、参加反应的各粒子的相对数量、反应前后质量守恒等角度认识常见的化学反应，准确获取化学方程式中的相关信息	巩固	5 6	8	纸笔习题	课时	必做

本单元共有 3 个课题，总计 1 项单元前作业，9 项课时作业，1 项单元长周期作业，在作业蓝图设计中包含课时学习目标、作业评价目标、作业功能、完成时长、完成方式、作业类型、布置形式等内容。每节课后都配置了落实本课内容核心知识、强化关键能力的必做题目，部分课时学习后还配有进一步拓展提升能力的必做或选做题目，帮助学生实现各课时的学习目标，并满足不同程度学生的需求。另外，本单元还配有单元前作业、单元长周期作业，通过多样化的真实问题情境和学科实践活动，丰富学生的实践体验，培养和调动学生的多元能力。

二、巧融学科实践活动的单元前作业设计——推进学科认识的新路径

单元前作业的设计意图在于培养学生自主探究能力、为课堂学习奠定基础、弥补课堂教学时间有限等。本单元的单元前作业选取素材为"一支蜡烛"。第一单元学习中，教师带领学生从"观察、描述实验现象"的角度，对蜡烛及其燃烧开展一次探究；第二单元学习中，我们曾布置过相关的实践活动，

从"通过现象,分析气压变化"的角度,对蜡烛熄灭、水杯中液面上升原因开展第二次探究。因此在第五单元《定量认识物质的化学变化》,我们仍然用蜡烛做素材,做关于蜡烛燃烧研究的进一步深化。

单元前作业完成的方式采用家庭实验和实验室预约实验相结合的方式,巧融学科实践活动在其中。具体操作步骤如下:第1组实验,采用精度为0.001g的天平上,放置一根燃着的蜡烛,持续观察天平示数的变化并记录;第2组实验,精度为0.001g的天平,准备一个盘子,盘子里放上水,点燃蜡烛,记录烧杯扣下的一瞬间,天平示数,由于形成水封,3s后,蜡烛熄灭,再次记录天平示数并记录数据。

实验目的	探究蜡烛燃烧前后,物质的质量是否相等
实验原理	石蜡 + 氧气 $\xrightarrow{\text{点燃}}$ 二氧化碳 + 水
实验仪器及药品	电子秤(建议选用精度为0.001g)、盘子、杯子、蜡烛、火柴、水
实验步骤	如图,在纸盘中放置一根蜡烛,点燃,记录蜡烛燃烧过程中质量变化
实验现象	点燃蜡烛时,记录质量m1,为:_____g; 燃烧_____秒,记录质量m2,为:_____g; 燃烧_____秒,记录质量m3,为:_____g; 燃烧_____秒,记录质量m4,为:_____g; 燃烧_____秒,记录质量m5,为:_____g……
实验结论	_____。
实验延伸	如图,在纸盘中放置一定量的水,将蜡烛点燃后,倒扣一个烧杯;约2-3秒,蜡烛熄灭。记录蜡烛燃烧前后的质量变化。

上述作业的设计意图在于引发学生产生认知冲突;让学生自己发现、探索质量上的关系;同时帮助教师判定对于化学反应中的质量变化,学生认知起点在哪里;再者能够充分暴露出学生的困惑,学生携带着困惑和探究欲望、

走进第五单元的单元学习。

真实、具有可操作性且融入学科实践活动探究的前作业设计引发学生的兴趣，同时也为质量关系的探究做了前认知准备，"一支蜡烛"的三次实验，学生从对蜡烛燃烧的定性研究，到开辟新的路径：即通过质量的变化启发，引发学生对化学变化中物质质量的思考，关于质量的思考又在引发他们的矛盾。这样的学习让学生从定性到定量角度，不断对"蜡烛燃烧"化学变化认识逐步推进，从而达到单元前作业的设计意图。

三、以实践思考为基础的课时作业设计——巩固常态化教学成果

课时作业的设计实现着作业的主要功能，即复习巩固课堂学习内容，它是常态课程实施和教学的必要补充。课时作业的呈现形式以纸笔作业为主，每课时教学后布置，完成时间控制在15分钟，作业的设计内容基于学生课堂实践的思考，也基于学生课外实践活动的反思。

对于本单元而言，例如"化学方程式的正确书写"课时内容学习过后，需要进行课后的巩固与练习来加强化学方程式书写的规范性，因此设置相应的课时作业题目，起到落实和强化事实性知识和基本技能的作业功能。

再如，作业的设置也需要起到加深化学概念性知识的认识和理解的作用，因此对于常见化学反应诸如红磷与氧气、铁与硫酸铜等反应中的质量关系、认识并说出质量守恒定律的内容等设置相应基础类题目、能力提升类题目来满足不同层级学生对于概念性学习的需要。

同时，作业的设置也应考虑到应用概念性知识和程序性知识解决问题的功能，对于本单元学习过后，学生要能够依据质量守恒定律，认识碳酸钠与稀盐酸、镁与氧气等化学反应遵守质量守恒定律，能够从实验角度选取证据说明质量守恒定律，因此在课时作业设计中也对上述内容进行考量。

3.实验小组A团队开展的系列实验，研究物质变化过程中的质量变化。

实验小组A　研究封闭体系下，物质的质量变化			
实验组别	1-1	1-2	1-3
实验装置图	玻璃管 红磷	硫酸铜溶液 铁钉	玻璃管 铁粉
资料卡片/实验说明	实验前瓶底预先铺上少量细沙，细沙上放入红磷，锥形瓶中充满空气，激光引燃红磷。	将铁钉浸到硫酸铜溶液中，观察并测定反应前、后的质量变化。	实验前瓶底预先铺上少量细沙，细沙上放入铁粉，锥形瓶中充满氧气，激光引燃铁粉。

【基础类】-必做

（1）请你书写实验A中涉及的三组化学方程式，并梳理相关实验现象
1-1 引燃红磷，产生大量_____；用化学方程式表征反应：_____。
1-2 能说明铁钉和硫酸铜发生反应的现象是：_____；
　　涉及的化学方程式为：_____。
1-3 铁粉燃烧产生_____固体；用化学方程式表征反应：_____。
（2）实验结束后，天平保持平衡的实验组别有：_____；
　　请选择一组解释为什么天平会保持平衡：_____。

【提升类】-选做

实验小组A就上述实验展开反思与研讨：
（3）实验1-1红磷燃烧过程中，观察到气球先变鼓后变瘪，其中"变鼓"的原因是：

因此，课时作业能够帮助教师了解评估日常学习情况，及时发现教学中的薄弱和学生学习障碍，作为教学改进的参考；同时分类课时作业的设计，即基础类作业、提升类作业可以帮助学生有的放矢的展开学习，作业也是学生对自己课堂学习效果进行评估的依据，学生通过课时作业及教师的批阅反馈进行反思，为后续学习进行规划。

四、以实践活动为桥梁的长周期作业设计——挖掘学科学习价值

长周期作业是开放研究与课堂学习后的深化，是拓展提升学科认识和能力、发展绿色环保的理念的重要手段与途径之一。关于本单元主题学习下的长周期作业，设计主题为：探索汽车尾气催化转化器的奥秘。基于空气污染中涉及的汽车尾气排放问题，设置相应的长周期作业任务，作业完成时长控制在120分钟，在单元学习后上交。

课程整合下的学科实践活动探索

【研究主题】 探索汽车尾气催化转化器的奥秘

【研究背景】
雾霾给我们的生活带来了很多困扰,柴静的一部纪录片《穹顶之下》引发了人们对于雾霾形成机理的关注,汽车尾气排放是产生雾霾的因素之一。我国每年汽车尾气的排放量大约在1.2亿吨左右。汽车尾气的污染严重危害我们的健康,治理汽车尾气、节能减排迫在眉睫。

第一部分:汽车尾气催化转化器装置的反应原理

【资料1】汽车尾气中含有多种污染物,可在汽车发动机排气系统中加装催化转化器。

【资料2】催化转化器是汽车排气系统的一部分。催化转化装置是利用催化剂的作用,将排气中的一氧化碳和氮氧化物转换为对人体无害的气体的一种排气净化装置,也称作催化转化装置。

【资料3】在汽车尾气催化转化器中涉及的反应原理之一为:一氧化碳与一氧化氮在催化剂的作用下转化为二氧化碳和氮气。

任务1: 请你用化学方程式表示上述资料中提及的汽车尾气催化转化器中反应原理。
任务2: 对于上述化学反应原理,你能获取哪些信息?

第二部分:定量评估汽车尾气催化转化器的转化效果

【资料4】某辆汽车每分钟产生的CO和NO的质量均为60g,实际测得该汽车每分钟经转化器排出的N_2、CO_2的总质量为116g。

任务3: 该汽车所产生的污染物转化了吗?请你判断,并写出分析过程。

第三部分:定量计算实现汽车尾气催化转化器的减排

【资料5】在处理汽车尾气问题时,除了采取转化污染物的方法外,更重要的是需要减少污染物的生成。汽油的主要成分为辛烷,辛烷在燃烧过程中,当反应物的质量不同时,可以分别发生如下两个反应(辛烷完全燃烧和不完全燃烧的方程式):

$2C_8H_{18} + 25O_2 \xrightarrow{\quad点燃\quad} 16CO_2 + 18H_2O$

$2C_8H_{18} + 17O_2 \xrightarrow{\quad点燃\quad} 16CO + 18H_2O$

任务4: 已知某品牌汽车汽缸的总容量(可容纳空气的体积)为2.0L,氧气的密度为$1.429g·L^{-1}$,为了使污染物的排放量降至最低,请计算理论上每个冲程需要喷入汽缸的辛烷的总质量。

第四部分:学科研究兴趣延伸

【资料6】事实上,在实际生活中,我们却正是通过汽车尾气催化转化器前端附带的氧传感器来检测尾气中的含氧量,进而将信号传给车载计算机,通过计算机控制喷油量,使喷入的油量和气缸中的空气保持一定的比值,促使汽油充分燃烧,从而达到减少污染物生成的目的。

通过上述三个课题的研究,我们从化学视角认识了汽车尾气催化转化器装置的奥秘,这也是解决汽车尾气污染的途径之一。地球是人类的家园,我们依赖于它,但遗憾的是,随着人口的增长和社会的发展,环境污染问题仍亟待解决。

任务5: 请你查阅资料,从化学学科视角出发,结合本单元学习,以"绿色环保,节能减排,人人有责"为主题,以学习小组为单位,面向同学们做一次宣讲。

从课标出发,对单元长周期作业进行整体架构设计。诸如任务1:物质转化——汽车尾气催化转化器装置的反应原理,任务的设计在于引导学生能够基于真实问题情景,正确书写简单的化学方程式,能够从反应物、生成物、反应条件、参加反应的各粒子的相对数量、反应前后质量守恒等角度,准确获取化学方程式中的相关信息。诸如任务2:转化价值——定量评估汽车尾气催化转化器的转化效果，任务的完成过程中学生逐步实现了从化学视角看物质的转化。诸如任务3：合理调控——定量计算实现汽车尾气催化转化器的减排，意在引导学生体会化学学科的学习价值，即从合理调控的视角将物质转化为我们所预期的物质。更值一提的是任务4的设计：从化学学科视角出发，结合本单元学习，以"绿色环保、节能减排、人人有责"为主题，面向同学们做一次宣讲。这样长周期作业的设计，充分挖掘学科学习价值、育人价值，将其融入到生产生活实际中。

综上以"汽车尾气催化转化器"装置的探索为脚手架的长周期作业设计，让学生在完成的过程中充分结合实例，认识化学反应实现物质转化的应用价值，再结合实例深刻体会定量视角对于合理调控化学反应的意义，最终实现课标中关于发展绿色环保的理念。

总而言之，单元整体的作业设计从课标出发，结合具体的教材、学情，逐步展开对作业目标、作业蓝图的设计，通过单元前作业、课时作业、单元长周期作业的整体架构设计，充分发动实践作业、理论作业的优势，不断丰富学生的活动体验，发展化学学科思维能力、综合实践能力。再者通过作业问题的多角度、多层级设计，结合单元教学目标、课时教学目标与作业目标的匹配、互补，在作业中将学生的思维路径、学生思考的差异进行外显，考察多种能力水平的进阶，从而实现对作业功能、作业类型、学生发展等多方面、全方面的覆盖。

学科整合下的小学语文作业设计及实施

李琳月

近年来，语文教学越来越重视学生的主体地位和自主学习。《义务教育语文课程标准（2022年版）》也提出要培养学生的核心素养，即文化自信、语言运用、思维能力、审美创造。从这一核心素养看出，对学生的培养要求是全面的多样的，且语文学科承担的培养学生发展的职责越来越重要。义务教育语文课程内容以学习任务群的方式组织和呈现，往往以一个任务群串联起整个单元的学习。跨学科学习属于拓展型学习任务群，旨在引导学生联结课内外、学校内外，拓宽语文学习和运用领域，围绕学科学习、社会生活中有意义的话题，开展阅读、梳理、探究、交流等活动，在综合运用多学科知识发现问题、分析问题、解决问题的过程中，提高语言文字运用的能力。跨学科学习设计包括了作业的设计。但目前来说，"机械记忆和重复练习仍然大量存在。尽管反复听、读、写的练习可以让学生记住语文教科书中的大量知识，但是很难真正提高学生运用语言的能力，更难真正培养学生实践意识和创新精神"[1]。随着素质教育的改革推进，跨学科学习也在实施推行，有必要更好地设计学科整合视域下的语文作业，并让作业设计排除万难真正实施，以此提高学生的核心素养。

一、作业的目的及作用

语文学科是基础性学科，学生需要掌握词汇、句子、阅读理解等多项内容，而巩固掌握这些内容的方法除了课堂必要的教学之外，还需要课堂外作业的辅助支持，所以作业的作用之一是巩固和提升掌握基础知识的能力。

小学语文最重要的是给孩子未来中学的语文打好基础，培养学生听、说、读、写的最基础的能力，并能对语文学习产生兴趣。同时在长达六年的学习中，慢慢总结归纳出一套语文学习的方法与经验，以应对中学时更难、更融合的语文学习。小学的时间相对来说非常充裕，学生也有很多的时间和精力去做一些实践性的作业，也能在实践性作业中充分践行新课标中要求的学科教学的实践性。因此，作业的作用之二是提高学生语文学习兴趣与语文学科实践能力。

语文课堂上的知识是非常有限的，一节课只能就一篇课文、一首古诗展开教学，而中华文化博大精深，有非常多优秀的作品需要我们去研读、揣摩，

---

[1] 李磊. 核心素养视域下小学语文实践性作业设计初探[J]. 中小学教学研究，2021，22（01）：64-67.

所以需要在课堂外布置作业任务让学生拓展语文知识，让学生了解更多的文化知识，掌握更多的语言运用技巧。比如课外可以设计阅读课外读物的任务、摘录名言佳句等，通过这种任务，充实学生的文化素养，举一反三，让课外的任务不再是课堂知识的重复，而是课堂知识的丰富。这是作业的作用之三。

语文学习某种程度上是通过语言文字了解他人生活，达到情感共鸣，培养学生审美能力。所以语文作业的作用之四是促进学生的情感体验，更好地体验语言文字的美感和透过语言文字展现出来的思想内涵。小学生能够把握好文章的情感，但是缺少了对这种情感的共鸣，也缺少了将文中的情感教育转化为现实生活中的情感实施，比如三上第七单元学习大自然，感受大自然的美、学会保护大自然、学会人与自然要和谐统一，这种情感上的内容容易被发现，而不容易被感悟被践行，因此作业设计就可以让学生关注自然现象，感悟自然之美或体会保护自然的重要性。比如，可以设计观察、体验式作业，让学生爬一次山、逛一次公园，在与自然亲密接触的过程中，感受文中的情感抒发。

二、跨学科作业设计的注意事项

（一）小学语文作业现状

作业是课堂教学的一种延伸，以日常作业布置为例。三年级的语文作业布置主要以书面作业为主，较少涉及实践性作业，作业布置主要有抄写课文中的生字、词语，完成课后练习两项作业。老师在作业安排中也很纠结，若不布置书面作业，学生的日常所学又无法得以巩固。若布置实践性、跨学科性作业，学生的重视程度又较低。教师也因为课时任务等压力无法督促学生完成此较为复杂的系列作业。

目前作业设计中存在着"重量轻质"的问题。[①] 量变引起质变，重复多次的练习确实可以掌握知识，但这些知识较为机械，学生完成这些任务后，很

---

① 张静. 基于学科融合视域下小学语文作业设计 [C]. 广东省教师继续教育学会. 广东省教师继续教育学会第六届教学研讨会论文集（四）.2023：4.

难再有其他的精力和时间去实践。且长此以往，学生对语文学习失去了兴趣，认为语文无非就是学习课文再抄写生字词语，完成练习。这种单一的作业，很难体现作业的价值和意义，也容易出现反面作用。其次，受传统教育理念的需要，我们也很难逃脱教育的藩篱，家长也对孩子的笔头作业重视，也让学生丧失了完成其他任务的乐趣。以三年级上册第二单元为例，这一单元讲的是金秋美景，便设计了拍摄视频记录美景的任务，但课程上完之后，学生并没有主动完成此项实践性任务。

（二）跨学科作业设计的注意事项

学科整合是将不同学科间联系起来进行整合，使教学资源得到有效利用。语文课程中，我们除了要认真研读《义务教育语文课程标准（2022年）》，还应了解各个年级教材之间的联系，进行横向和纵向之间的对比，除此之外，尽自己所能了解各个学科的教材的内容，将可以整合的知识点进行系统整理。比如三年级上册第一单元和学校有关，道德与法制学科第二单元所学内容与学校有关，我们就可以将语文和道德与法制学科进行一个有效整合，作业的设计建立在此基础之上，既能减轻学生的作业任务，也能实现知识点之间的有效链接，也让联结是有理有据的。

作业不是机械的任务，而是激发学生学习兴趣、巩固所学的工具。虽然是跨学科作业，但作业的布置也应该适合每一个孩子，让他们能够在丰富、多样化的作业中实现成长，有所收获。教师应该明确哪些作业可以解决"懂"与"会"、"熟"与"巧"的问题，哪些是记忆型、理解型、创新型、创造型的作业。[1]哪些作业是必须完成，哪些作业是可以选择完成。哪些作业是每个人必须独立完成，哪些作业是可以小组合作共同集中智慧完成的。每一科老师若能实现沟通、探讨，避免作业的重复，也能增强知识之间的联系和沟通，即使无法实现跨学科的专题学习，也能从作业上体现学科整合。

---

[1] 方君."双减"政策下小学语文作业设计与多学科整合有效策略[J].安徽教育科研，2022（20）：53-55.

三、跨学科作业实施可行性

（一）时间充足，空间充分

跨学科的作业并非要求每天都提交的，需要给学生充分的时间和空间去完成任务。跨学科的任务往往是互相关联的，所以我们要在跨学科项目开始之前就综合系统的设计作业，提前给学生规划并发布任务，作业可以学生独立完成，也能够通过小组合作共同完成，甚至可以通过学生和老师、学生和父母一起完成。作业可以当日完成，也可以多天或者一个学期结束时完成，作业是一个持续的过程，给学生思考、观察、探究的时间。比如三年级上册第一单元学习"学校"，若要探索我们学校的建筑、大小、文化等，这需要结合网络资料、数学算术、道法、地理学科等多个学科融合去完成这一项跨学科的综合性学习。因此，可能需要等学生学完道法第二单元，学完数学的面积计算，才能完成此项作业任务。课外的资料查找也需要家长的配合。再比如，三年级上册第二单元学习"金秋美景"，可以带领学生去室外寻找秋、感受秋，比干巴巴坐在教室里学习课文并完成任务要有趣、有效得多。跨学科作业布置需要更广阔、多维的空间提供给学生，不然学生只能闭门造车。

（二）评价多元合理

《义务教育语文课程标准（2022年版）》的课程理念表示要"倡导课程评价的过程性和整体性，重视评价的导向作用"[1]。评价的目的是促进学生学习，评价除了对最终的结果有反馈之外，对学生的学习过程、思维过程、学习状态及能力提升都应该有一个反馈，更注重对学生在这个学习过程中学了什么、进步了什么产生评价，让学生知道通过这个任务的完成增长了哪些方面的技能和水平。所以，需要在不同的环节设计不同的评价量表，学生既能自评，也能互评，还能由参与整个任务的家长、教师等进行评价。以三年级上册第一单元为例，这项跨学科的任务有对学校面积的测量，应该设置评价

---

[1] 中华人民共和国教育部. 义务教育语文课程标准（2022年版）[M]. 北京：北京师范大学出版社，2022.

量表交由数学老师，对学生的学习过程及结果及时评价。

（三）体现跨学科特性

跨学科的学习就是一种学科融合的倾向，通过跨学科的学习，学生可以对各个学科的知识进行筛选、判断、整合、运用，可以提高知识运用的能力及思维的宽度与广度。语文、数学、英语、道法、科学等都有可能学习某一个主题的知识点，但因为分散在不同的学科，所以这些知识学生无法整合利用，跨学科就恰好具备了这种能力，进行知识的有效整合。做中学，做中思考，做中灵活运用一切所学，让知识之间建立稳固的、可能的联系。因此，作业的设计就不得只考虑本学科的内容，更需要综合全面地设计，以培养学生综合视野。

四、跨学科作业设计案例

以三年级上册第一单元为例，人文主题是校园，语文要素是要引导学生关注新鲜感的词语和句子，并体会习作的乐趣。数学第三课学习测量的方法，道法第二单元学习"我们的学校"，寻找校园足迹，感受校园生活带来的乐趣，了解学校并给学校的发展积极建言献策，还要求了解学校的各个部门，并画出学校的平面示意图。从中看出，这三门学科知识之间是有串联的。因此，将尝试进行跨学科作业的设计。

活动主题：校园介绍会

活动任务：结合本学期所学的语文、道法、数学知识，全面向外来游学的客人介绍我们的校园。

任务分解：①绘制校园建筑分布图，制作成明信片封面，并测量计算校园面积。②作为小导游，写一段介绍词介绍我们的学校，要用上具有新鲜感的词语。③给学校的发展建言献策。

任务要求：①期中前完成汇报。②7人为一小组合作完成。

这项跨学科的活动设计考虑到了本学期所学的三门学科，把拥有相同主题的活动安排在一起，穿插进数学是为了学以致用。设计活动任务是向外来游学的客人介绍学校，就需要对校园文化进行了解，这属于道法学科的学习内容。写一段介绍词介绍学校，这需要学习完一单元的课文，学习几篇课文的写作手法、积累具有新鲜感的词语后才能完成介绍词的撰写，还能顺便完成语文要素，即激发写作的乐趣，学以致用、学有所用才能让学生感到知识学习的乐趣。除此之外，向游客介绍校园需要对学校的地图地形深刻了解才能当好小导游，校园有多大，有哪些建筑，每栋建筑的功能是什么都需要了解。以此借助数学坐标知识、测量知识，借助美术的绘画知识，完成校园地图的制作，印制为明信片。完成了这一切，学生对学校也更加了解，他们也就能对学校提出建议。

孔子云："知之者不如好之者。"兴趣爱好是最好的老师。跨学科学习可以充分调动起学生兴趣，让书本上的知识能被活学活用，让看似毫无关联的学科产生联系。而作业的综合性、跨学科性更能巩固跨学科学习的成果。作业变一变，提高学生作业的兴趣，让学生主动快乐地完成作业。在巩固基础之余，也能感受到知识是可以用于生活的，真正做到以学生为主体，做到学有所用。

第四章 基于学习任务群的单元整体教学

新课标提出学习任务群，要求学习在一系列真实任务驱动下展开，不能在脱离了实用场景的"虚拟课堂"中去获得。因此，教师要努力寻找课程内容与学生生活、社会实践之间的接触点和关联点，架设课堂与学生生活、社会之间的桥梁。

一、学习任务群及其分类

学习任务群（Task Cluster）是指一组互相关联、相互支持的学习任务，通常在一段时间内一起完成，旨在达到特定的学习目标。学习任务群的设计可以帮助学生在学习过程中建立知识的联系，培养学生的综合能力和解决问题的能力。学习任务群可以根据不同的分类标准进行分类。

主题关联性分类：学习任务群按照主题关联程度可以分为紧密关联和松散关联两种类型。紧密关联的学习任务群是指任务之间主题相似、相关性高，学生需要在同一主题下进行深入学习和应用。松散关联的学习任务群则是指任务之间主题关联性较低，学生需要在不同的主题下进行学习和应用。

跨学科分类：学习任务群可以涉及多个学科的知识和技能，帮助学生进行综合性学习和跨学科的思考。跨学科的学习任务群可以促进学生的综合素养和学科之间的相互关联。

难度分层分类：学习任务群可以根据难度进行分层，从简单到复杂、由浅入深地设计一系列任务，帮助学生逐步掌握知识和技能。

问题解决过程分类：学习任务群可以根据问题解决的过程进行分类，例如分析问题、收集信息、提出解决方案、实施方案和评估方案等。通过设计一系列相关任务，学生可以全面、系统地解决问题。

学习目标分类：学习任务群可以根据学习目标进行分类，例如知识掌握、思维能力培养、实践能力培养等。通过设置多样化的学习任务，可以帮助学生发展各方面的能力。

二、学习任务群视域下的教学路径

（一）找到任务核

学习任务群视域下，为使学习任务群顺利构建，教师需要找出"任务核"，也就是学习任务群的"本"和"纲"。"大概念"是指将相关内容联系起来的抽象性概念，将零散的知识有机聚集在一起，帮助学生构建知识体系。大单元中含有大概念，教师可以将大单元中的"大概念"作为"任务核"。教师通过结合教材中的单元导语、单元课文和学习提示等挖掘单元"大概念"，从而围绕"大概念"设计学习任务。教师通过研读教材，挖掘出单元大概念，找出了"任务核"，这样，使得学习任务群中各个任务的设计均可以做到有的放矢。

（二）建构学习任务群

学习任务群构建是学习任务群视域下大单元教学设计的关键环节，占据较多的大单元教学设计时间。依据新课标，在任务群构建期间，教师需要构建多个不同类型的"小任务"，并将这些不同类型的"小任务"联系起来，保障大单元教学设计的整体性。因此，在建构任务群环节中，教师要注意以单元"任务核"统领"小任务"。

（三）重构单元内容

学习任务群视域下，教师要注意教学设计之"大"，不能将目光局限于教材内容中，还要结合教学经验、课文特点，找出任务设计期间可能遇到的问题，围绕各个"小任务"优化学习资源，降低任务难度，使学生能够理解所学内容。优化学习资源期间，教师可以对教材中的课文篇数进行补充，也可以调整教学顺序，将部分文章转移到其他单元教学活动中，还可以开发有助于学生完成"小任务"的教学资源。通常来说，阅读材料、视频材料和导学案等都可以作为教学的学习资源。

分析教学内容。分析教学内容是教师专业能力的体现，也是进行单元教学的前提。教师通过分析教学内容，可以确定教学要点，增强单元教学的针对性。

设定教学目标。教学目标是单元教学的指引。因此，教师要在梳理单元教学内容的同时，结合学生学习情况，围绕核心素养设定相应的目标，推动核心素养落地生根。

创设教学情境。教学情境既是学习任务群的整合要素，又是单元教学的三大要素之一。其中，情境为搭建单元学习平台。在分析教学内容、设定教学目标后，教师要运用自身教学智慧，创设教学情境，促进单元教学开展。

（四）开展单元教学

单元教学推动知识结构化转为任务结构化。学习任务是进行单元教学的支撑。在学习任务的支撑下，教师要组织相关的教学活动，引导学生体验，逐步完成任务，实现教学目标。在进行单元教学时，教师要确定教学任务，组织教学活动。

设定教学任务。教学过程，其实是完成教学任务的过程。教师完成教学任务，可以让学生掌握单元内容，逐步达成教学目标。同时，任务是单元教学的三大要素之一。所以，教师要以教学内容和教学目标为依据，设定相关的教学任务。

组织教学活动。活动是单元教学的三大要素之一。任务是活动的导向。围绕不同的任务，教师要结合教学内容，组织相关的教学活动，让学生积极体验，完成任务，实现教学目标。单元教学注重先学后教。学生先学，可以初步认识新知。在初步认知的基础上，学生围绕学习要点，与他人互动，增强课堂学习的效率。作业是前置课堂的助力。所以，在单元教学时，教师要围绕具体任务，设计、布置作业，前置课堂，助力学生自主学习。教师引导学生学习的方式有很多，如布置任务、提出问题等。在课堂上，教师可以根据教学任务、教学内容以及学生学情，选用适宜的方式，引导学生学习，由此实现师生合作，完成任务。

教学评价贯穿教学始终，助推教学深入发展。具体地，在单元教学的过程中，教师、学生使用不同的方式进行评价，可以及时了解教学情况，调整教学计划，推动教学发展。尤其是学生可以查漏补缺，强化认知，有利于实现教学目标。所以，在单元教学时，教师要以各项教学活动为依托，选用适宜的教学方式实施教学评价。

让课堂学习根植于学生生活、社会实践的土壤之中，让学生在做中学，在学中做，知行合一，学以致用，学习"有用"的知识，或许才是我们追寻的学习之道。

"整本书阅读"学习任务群实践探索

侯松冰

《义务教育语文课程标准（2022年版）》（以下简称"2022年版课标"）继承了2011年版课程标准的基本精神，并将整本书阅读作为独立的拓展型学习任务群来呈现，将其提到了更为重要的位置。

一、明确内容，理解整本书阅读定位

2022年版课标指出："整本书阅读"学习任务群旨在引导学生在语文实践活动中，根据阅读目的和兴趣选择合适的图书，制订阅读计划，综合运用多种方法阅读整本书；借助多种方式分享阅读心得，交流研讨阅读中的问题，积累整本书阅读经验，养成良好阅读习惯，提高整体认知能力，丰富精神世界。

（一）为什么读整本书

"整本书阅读"学习任务群突出整本书阅读的精神建构和价值引领功能，引导学生真正走入一本书，将识字与写字、阅读与鉴赏、表达与交流、梳理与探究等语文实践活动融合在阅读过程中，激发学生积极运用浏览、略读、精读等多种阅读方法，充分调动分析、综合、评价、批判和创造等高阶思维，自主探索适合自己的阅读方法，养成良好的阅读习惯，提升学生运用语言文字积累解决现实问题的能力，陶冶高尚的审美情操，积淀精神文化底蕴，是学生文化自信、语言运用、思维能力、审美创造在阅读中的综合体现。

（二）"整本书阅读"学习任务群读什么

"整本书阅读"学习任务群重点围绕"中华优秀传统文化、革命文化和社会主义先进文化"主题组织学习内容。其中，革命文化作品占有较大比重，如第二学段表现英雄模范事迹的图书《小英雄雨来》《雷锋的故事》等；第三学段反映革命传统的作品《可爱的中国》《小兵张嘎》《闪闪的红星》等；第四学段的革命文学作品《革命烈士诗抄》《红岩》《红星照耀中国》等，意在让学生通过研读革命英雄、仁人志士的故事，打下阅读的底色，树立正确的世界观、人生观、价值观。

除了革命文化作品，"整本书阅读"学习任务群还根据学段特点，提出了更为丰富的阅读作品类型。如第一学段的图画书、儿歌集、童话书，第二学段的儿童文学名著、古今寓言、神话传说，第三学段的文学、科普、科幻作品，第四学段的诗歌、小说、散文等中外文学名著，覆盖了义务教育阶段整本书阅读常见的文体样态，力求引导学生拓宽阅读视野，丰富精神世界。

（三）"整本书阅读"学习任务群怎么读

2022年版课标在"总目标"中提出：学会运用多种阅读方法，具有独立阅读能力。四个学段的学段要求中也提出在整本书阅读中融入介绍、推荐和分享活动，"整本书阅读"学习任务群进行了一一对应。如第一学段：感受儿歌的韵味和童趣，想象故事中的图画，学习讲述书中的故事。第二学段：感受作品传达的真善美，用自己喜欢的方式讲述故事大意，口头或书面分享自己获得的启示。第三学段：学习梳理作品的基本内容，针对作品中感兴趣的话题展开交流。第四学段：体会、评析革命领袖、革命英雄的爱国精神和人格魅力，针对作品中的语言、想象、主体等方面的话题展开研讨。从这些要求中可以发现：感受、想象、讲述、梳理、交流、研讨等多种方法、多样活动渗透在各学段阅读过程中，帮助学生建构全面的阅读方法体系。

二、整体观照，发现教学价值

（一）依托教材，明确学习主题

五年级下册第二单元是古典名著单元，围绕主题单元编排的课文是四大古典名著故事节选，在"快乐读书吧"提出进行中国古典名著长程化阅读任务，本单元是小学阶段第一次集中安排古典名著学习，也是学生第一次接触"小说"这一文体，综合人文主题和语文要素以及教材编排特点，我们确定了本单元的学习主题为"走进名著品读经典"。

（二）对标任务群，明确学习目标

对照新课标本单元可以归属于发展型学习任务群的"文学阅读与创意表达"学习任务群，同时结合"快乐读书吧"提出进行中国古典名著长程化阅读任务，本单元也与"整本书阅读"这一拓展型任务群相对应，在此基础上，引导学生去感受古典名著魅力，初步地学习阅读古典名著的方法，产生阅读古典名著的兴趣，同时通过学习与阅读四大名著，增加学生的文化认同和民族自豪感。

基于以上两个学习任务群的定位和要求，创设了单元整组的学习主题，链接学生真实的学习情景，设计了"古典名著课本剧展演"学习活动，统整教学内容。

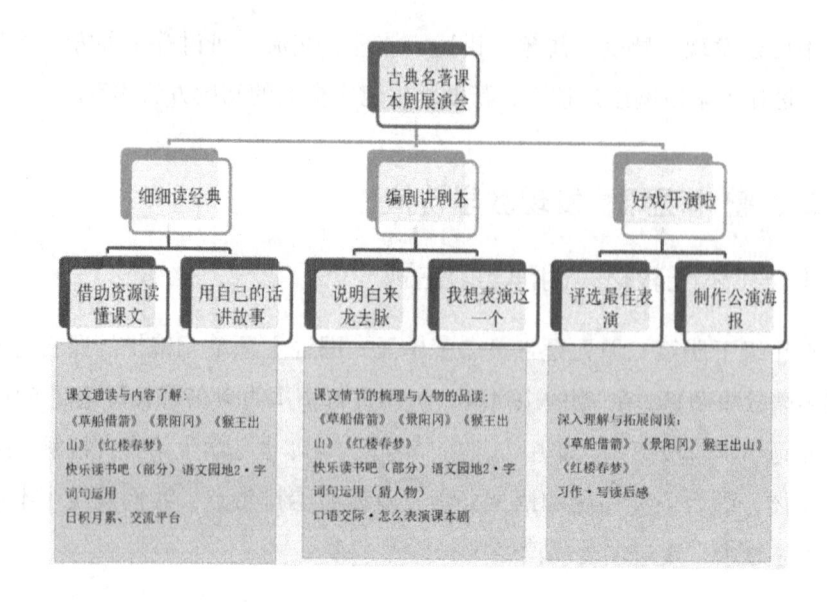

[图示：古典名著课本剧展演会结构图]

- 细细读经典
  - 借助资源读懂课文
    - 课文通读与内容了解：
    - 《草船借箭》《景阳冈》《猴王出世》《红楼春梦》
    - 快乐读书吧（部分）语文园地2·字词句运用
    - 日积月累、交流平台
  - 用自己的话讲故事
- 编剧讲剧本
  - 说明白来龙去脉
    - 课文情节的梳理与人物的品读：
    - 《草船借箭》《景阳冈》《猴王出世》《红楼春梦》
    - 快乐读书吧（部分）语文园地·字词句运用（猜人物）
    - 口语交际·怎么表演课本剧
  - 我想表演这一个
- 好戏开演啦
  - 评选最佳表演
    - 深入理解与拓展阅读：
    - 《草船借箭》《景阳冈》《猴王出世》《红楼春梦》
    - 习作·写读后感
  - 制作公演海报

（三）西游之旅活动流程

西游记作为本次的重点阅读书目，在单元任务群学习模式下，由任务驱动带动整本书阅读，主要包括以下活动任务：在导读课、推进课、展示课中去落实，循"序"而行，遵循整本书阅读的规律。

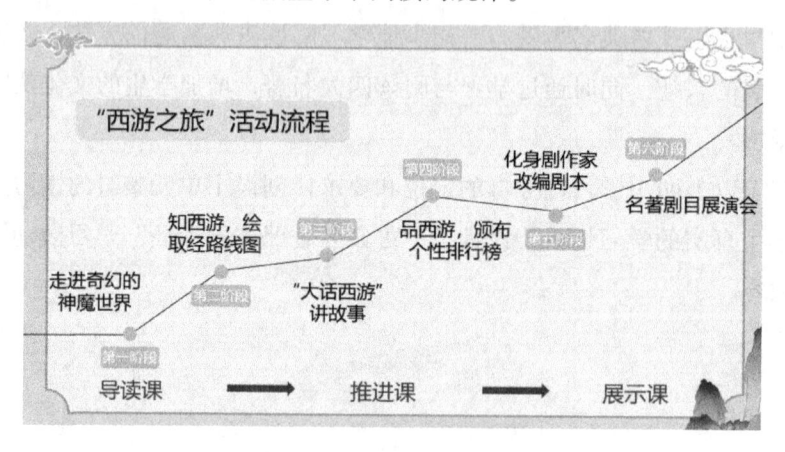

[图示："西游之旅"活动流程]
- 第一阶段 走进奇幻的神魔世界（导读课）
- 第二阶段 知西游，绘取经路线图
- 第三阶段 "大话西游"讲故事（推进课）
- 第四阶段 品西游，颁布个性排行榜
- 第五阶段 化身剧作家改编剧本
- 第六阶段 名著剧目展演会（展示课）

三、任务驱动，带动整书阅读

（一）导读课——走进奇幻的神魔世界

导读课选取"目录"为突破口，引导学生通过浏览目录，通过"一探目录，览人物""二探目录，理情节""三探目录，定计划"三个教学环节，借助制作人物卡片、小组讨论等读书方法，初步感知人物形象和原著语言风格，激发学生阅读名著的兴趣。

（二）推进课——探秘西游故事情节

推进课前，通过阅读计划，了解学生的阅读进度，以及学生阅读中遇到的困难。如：文言词语难理解；回目多故事长，不容易把握故事情节等。教师给予针对性的方法指导。

1.绘取经路线图，理清故事脉络和线索

《西游记》是一部长篇章回体小说，主要内容就是师徒四人西天取经经历九九八十一难的过程。这个过程中人物、时间、地点等错综复杂，如果不好好梳理，很难对整本书的故事脉络有个清晰的了解。我们在教学中采用流程图的方式，帮助学生解决这一难题。绘制一张"唐僧师徒取经路线图"，用简明的方式、直观的形象、描述取经的主要过程，借助这个流程图，还能让孩子们在阅读交流的时候思路更清晰、逻辑更清楚，表达更精彩。

2."大话西游"讲故事，把握故事情节

《西游记》是一部文言色彩浓厚的章回体小说，故事的回目多且故事内容长，学生在阅读中不易把握故事情节。对此教师给予学生阅读方法的指导，借助思维导图、鱼骨图等方式呈现故事的来龙去脉，让阅读思维可视化，在此基础上让学生讲好西游故事。

3.颁布西游排行榜，凸显个性化阅读理解

在个性排行榜中，学生在活动的驱动下，研读故事情节并引发个性化的理解与评价。教师也给予学生研读的方向：妖魔排行榜，住所排行榜，坐骑排行榜。

（三）展示课——演绎西游经典故事

让学生参照故事内容，通过"故事创意—剧本编写—个性表演—鉴赏评价"四环节，有效提高语文核心素养。第一，在"故事创意"中提升思维品质。要让故事有新意、有深度，就需要打破固有的思维限制。学生往往需要"绞尽脑汁"才能"豁然开朗"。过程虽然艰辛，但能促使学生理解力、想象力的提高以及思维品质的提升。第二，在"剧本编写"中进行语言建构。合理、得体的台词要经过反复斟酌才能写出。这种自主揣摩人物语言再进行实践的训练，有助于加快学生语感培养的速度和品质。第三，在"个性表演"中促进文化传承。学生要表现人物个性，把人物演"活"，就要揣摩人物的内心世界，了解人物生活的时代和文化背景，进行"个性表演"既是民族精神的传递，更是优秀文化的传承。第四，在"鉴赏评价"中培养审美能力。表演前，可以让学生揣摩人物形象，思考如何用最恰当的声音、动作和表情来塑造人物，表演后，从创意、剧本到表演进行"复盘"，分析得失。

由任务驱动带动整本书阅读，将名著阅读体验与成果展示融通到"课堂实践""整本书阅读"和"情境表演"中。每一个学生都参与到阅读过程中，感受古典名著的魅力和阅读方法，提升语文素养。

课程整合下的美术学科教学实践
——以《故宫之美》大单元教学为例

马蕊

一、研究背景

随着新课改的不断推进，我校近几年建立美术 FI 课程，本系列课程通过运用不同种类的材料、不同的造型方法进行艺术创作，打破传统的思维模式，激发学生的开拓性思维，灵活运用丰富多彩的制作策略和方法进行艺术创作，培养学生的综合探索能力。在教学过程中，为了提升学生的美术素养，形成学科整体框架，我在此基础上整合课程内容，尝试运用大单元教学模式开展教学，以促进美术 FI 课程的有效实践。

《义务教育美术课程标准（2022 年版）》中明确提到"探索大单元教学，

积极开展主题化、项目式学习等综合性教学活动，促进学生举一反三、融会贯通，加强知识间的内在联系，促进知识结构化"。这强调了大单元教学对现代教育的重要性，为教学改革提供指向。大单元教学是一种教学组织方式，根据学科知识的内在逻辑与联系，在教材单元基础上挖掘提炼大主题，重整教学内容，设计相互关联的教学情境与教学活动，由教师引导学生完成相应的学习任务，构建完整的知识网络。大单元教学侧重在做中学，综合、系统、开放是其所拥有的明显特征，教师围绕情境构建一些独立的学习任务，而这些任务能逐步引导学生建构知识体系，使学生既能更深入理解知识点，也能把握好知识点之间的关联性。对美术这一艺术审美课程教学而言，大单元教学下的学习任务活动促使学生美术知识技能获得提升，核心素养得到有效培养。

二、探索实践

（一）整合课程内容，开展有主题的单元式教学

大单元教学是以大概念为核心目标的教学，因此教师应结合自己的具体教学，尝试提炼单元大概念，根据大概念提炼设计单元主题，再根据主题将与之相关的知识内容整合到一起，作为教学内容。这个过程中教师所进行的知识整合并不只是针对当下的知识，还可以包括之前学过的和之后将会学习的，不限于教材的跨单元整合教学内容。通过把握知识之间的内在联系形成教学内容的基本结构框架，继而立足学生的认知水平和认知规律合理安排教学内容与课时，开展系统性的教学活动。不同课时虽然各自独立，且有着不同的教学任务，但都有着同一个教学目标，各个学习活动或课时之间存在一定的逻辑关系和连贯性，具有内在逻辑结构性。如此在大单元教学视域下，学生更高效地掌握美术知识技能，并完成自主性、系统性的知识建构。

经过前期对大单元、大概念等相关理论的学习，并对应了人教版美术教材中的教学内容，我设计了《故宫之美》大单元教学内容。本单元围绕着大概念"中华优秀传统文化需要创造性转化、创新性发展"这一内容，以"故宫之美"为单元主题，具体分为四个课时：镜头下的故宫之美、故宫的建筑

之美、故宫书画之美、故宫文创之美。本单元教学有主题性，学生能更好的与生活相联系。同时，每课之间的关系层层递进，逐步深入，单元内涵盖了欣赏评述、设计应用、综合探索多个领域，有利于培养学生的核心素养。

（二）创设问题情境，提高学生解决真实问题的能力

问题情境设置在大单元教学中是非常重要的，教师应从生活实际出发，帮助学生构建真实情境，再进行美术知识与技能的教学，不仅能简化学生的学习过程，调动学生美术学习的兴趣，还促使学生开展自主、合作的学习探究，灵活运用所学美术知识和技能去解决现实生活问题，这一过程中形成良性循环使学生美术核心素养得到不断提升，培养学生解决真实问题的素养。对问题情境的设置，美术教师要将课程内容与实际生活相联系，引导学生从生活中寻找相关素材，组织校内外活动使学生亲身感受课程内容所涉及的文化和艺术形式，让学生能够更加深入地了解课程内容。

《故宫之美》大单元教学设计以"探寻故宫之美，设计故宫文创"为问题情境，学生通过解决"故宫的美体现在哪些方面？你能用文创设计的方式把它们展现出来吗？"这些基本问题，完成从记录美到感受美再到表现美的学习过程。学生利用摄影、摄像的方式记录故宫建筑，探究故宫建筑之美；利用数码绘画的方式对馆藏的书画作品进行再创作，体会其书画之美；运用电脑设计的形式提炼能够代表故宫之美的元素，并设计、制作故宫文创产品的设计图，选取适合的材料和艺术表现形式呈现。学生在完成大单元学习的过程中，感悟中华传统文化精神，感受中华优秀传统文化的魅力，不断提高综合素养能力。（如图1）

图1 《故宫之美》单元教学设计思路

（三）落实学生美术核心素养的培养

大单元教学促使美术核心素养的培养得到落实，在传统教学模式中，教师会过多纠结于一课时内知识点的讲授，学生学到的也只是一个个分散的知识点，形成不了对学科整体框架的认识，更不用说核心素养的培养了。新课标强调学科核心素养的培养，在美术教学中运用大单元教学则能为这一目标的实现提供支持。在大单元教学中，学生不是被动地接受知识，而是通过创造性的实践和创作活动来运用所学的美术知识和技能，这种生成性的学习过程能够培养学生的创造力、想象力、批判性思维和解决问题的能力。通过整合性的学习内容和多样化的学习任务，学生可以获得更为全面和深入的美术知识，学生需要参与合作学习，共同完成学习任务和作品创作，这有助于培养他们的合作精神和合作能力，同时培养他们的审美能力和创新思维。

《故宫之美》大单元教学中，我将相关的美术主题、技能方法和文化价值方面有机结合起来，形成一个整体的单元教学目标：审美感知方面，学生能够发现并记录下故宫之美，认识中国古代宫殿建筑特色，能够深入分析中国古代书画作品，感受中华优秀传统文化的魅力；文化理解方面，通过探究故宫建筑、书画作品之美，感悟中华传统文化精神。理解中华优秀传统文化需要创造性转化、创新性发展；创意实践方面，结合对继承与发展中华优秀传统文化的理解，提炼能够代表故宫之美的元素，提出自己设计、制作故宫文创产品的构思并绘制草图，对自己的创意进行表述和反思，参考他人建议对方案加以改进完善；艺术表现方面，根据设计方案，选取适合的材料和艺术表现形式，分小组协作，完成故宫文创产品的制作。设计单元教学目标，制定每一课时的具体内容。在第一课时中，学生学习摄影中取景、构图的知识，学会突出主题，用相机记录故宫既古老又现代的美，认识继承与发展中华优秀传统文化是我们应尽的责任。在第二课时中，教师以问题链引导的方式，提出若干小问题"为什么土和木是中国建筑自古以来所采用的主要材料？""为什么故宫在经历了地震之后还能完好无损地保存下来？这与它的建筑结构有什么关系？""故宫的整体布局有什么特点？这样的布局体现了什么思想？"学生通过深入探究，理解中国传统木结构建筑的特点以及中国封建社会等级制度对故宫建筑样式和布局的影响，感受故宫及北京历史城区格局的中正、平衡之美，以及中轴线延伸线上的建筑反映出的现代之美。在第三课时中，以"你知道进入故宫后在哪里能看到故宫博物院馆藏的书画珍品吗？"这样一个小问题把学生带入真实的生活情境，通过回顾武英殿书画馆在2015年展出《清明上河图》的盛况，引发学生学习兴趣，引导学生从历史背景、内容描述、形式分析、画家意图和作品评价几个方面欣赏《清明上河图》，感受中国古代书画作品之美。通过对比2018年《清明上河图3.0》数字化互动体验展，讨论新形式的书画展给观众哪些不同的感官体验。在第四课时中，教师引导学生提炼能够代表故宫之美的元素。创设"探寻故宫之美，设计故宫文创"的问题情境，思考"故宫的美体现在哪些方面？你能用文创设计的方式把它们展现出来吗？"的基本问题，提出自己设计、制作故宫文创产品的构思并绘制草图。以小组讨论的形式向同学讲述自己的创意，对别人的方案提出建议，并参考他人建议对方案加以改进完善。最终学生按照方案，分小组协作制作故宫文创产品，教师指导并做好评价记录。学生分组展示文创产品。

（四）多元化的学习评价方式

在大单元教学模式下，多元评价是促进教学质量和提高学生学习效果的重要手段。教师应根据教学目标和学生特点，制定明确的评价目标，选择合适的评价工具，开展课堂教学评价和单元总结评价，及时收集学生的反馈意见并进行修正，同时也要鼓励多元参与的评价方式。通过这些措施，可以促进学生的自我认知和发展，提高教学质量和学习效果。对评价机制的构建，美术教师要以激励为主导，一要保证评价的针对性，二要保证评价指标的可行性，在不同的学习阶段，结合对学生个性化特点的了解，给予对应的评价，以及依据教学内容确定评价项目和指标。利用多元评价方式，可以更全面地了解学生的学习情况，制定个性化的学习计划，以满足不同学生的学习需求，同时也能够促进学生的自我认知和发展。

在《故宫之美》大单元教学中，学习效果评价应首要关注学生的平时表现，即课堂参与度、学习态度、合作精神等。其次是对学生的作品进行评价，可以从作品的表现力、创意性、技术水平等方面进行评估。另外，教师可以制定学习任务单和自评表，考查学生对单元目标的达成情况，全面评估学生的能力水平。根据评价结果，对学生的优点进行肯定和鼓励，针对存在的问题对学生进行指导和改进。（如图2、图3）

序号	任务内容
任务一	收集故宫文创产品的相关资料，你认为什么样的文创产品最受青睐
任务二	选择一件你喜欢的故宫文创产品，分析其艺术性和实用性特点
任务三	绘制故宫文创产品设计草图，既能突出传统文化，又要有时代性
任务四	以小组为单位，选取适合的材料和表现方式，把你们的设计制作出来
任务五	从艺术性、实用性和传统文化特色的角度评价其他同学设计的文创产品

图2　第四课时学习任务单

序号	评价内容	1分	2分	3分
1	能够提炼出代表故宫之美的元素			
2	理解文创产品设计的实用性、艺术性、时代性等特征			
3	能够绘制故宫文创产品设计草图			
4	能够选取适合的材料制作文创产品			
5	能够讲述自己的创意，对别人的方案提出建议，并参考他人建议对方案加以改进完善			

图3　第四课时学生自评表

三、总结

　　大单元教学是现代化教育中所重点关注的一种教学方式，通过整合大概念引领下的教学内容，开展多样化的教学活动，让教学效果大大提升。在初中美术教学中大单元教学表现出教学目标的集中性、教学内容的系统性、教学主体的显著性，合理进行教学实践，既能激发学生学习美术的兴趣、增强学生的美术能力，还能培养学生核心素养。《故宫之美》大单元教学中，根据大概念明确教学目标与主题，系统梳理知识、合理安排教学内容，并利用真实情境、问题来推进，积极创新教学方法，实施多元化的评价，从而让学生在教师引导下明晰美术知识的联系，深化美术知识、技能理解，有效培养学生美术的核心素养，优化整体教学效果。

下篇 新课标视域下的跨学科实践活动

第一章　跨学科的由来、特点及价值

一、跨学科的由来

《义务教育课程方案（2022年版）》（以下简称《方案》）提出要开展"跨学科主题学习活动，加强学科间相互关联，带动课程综合化实施，强化实践性要求"，并强调要"加强与学生经验、社会生活之间的关联"。跨学科实践活动有助于学生科学思维的培养，帮助学生发展应用多学科知识解决问题的综合能力，实现多学科协同育人功能，提升学生的核心素养。

心理学家伍德沃思于1926年最早公开使用"跨学科"（inter-disciplinary）一词。伍德沃思对其界定是：超越一个已知学科的边界而进行的涉及两个或两个以上学科的实践活动。近些年来跨学科实践在教育领域得到快速响应，很多国家提倡跨学科课程设计和跨学科学习。美国哈佛大学"零点项目"负责人博伊克斯·曼西利亚较为系统地探讨了中小学跨学科实践，提出学校的跨学科是将两个或两个以上的学科在课程、认知和操作层面上联系起来，进而从不同的视角（目标、学习对象、概念和观念、学习方法等）建立互补或合作联系、相互渗透或相互作用。《方案》倡导加强跨学科实践活动，基于真实任务情境进行问题解决实践活动，帮助学生深入理解各学科的内在关系。

跨学科实践活动包括三层含义：首先它属于实践活动，强调学生亲身经历各项活动，学生要真正参与其中，通过实践活动解决相关的问题。一般来说，问题通常来源于现实生活，因此具有一定的复杂性。其次，跨学科即超越某个单一学科边界，结合两个或更多学科知识，共同解决问题。需要说明的是，跨学科不是分别从不同学科的不同视角解决问题，而是注重"学科协作"，整合应用多个学科，解决的是单一学科无法解决的问题，实现部分之和大于整体的成效。再次，跨学科实践活动有主学科依托，也就是说跨学科实践活动的实施应该有较为明确的主学科，根据所需探究解决的问题，主学科主动跨界，寻求学科间的有机融合关联。《方案》已经明确规定，学科类课程要用不少于10%的课时来设计和实施跨学科主题教学，因此跨学科实践活动实施的场地是主学科的课堂，在有效落实主学科课程目标的同时，发展学生的科学思维以及跨学科解决综合复杂问题的能力。

二、跨学科的特点

一是问题导向性。以实际问题为中心，社会情境融入跨学科资源注重将学习者置于实际情境中学习，并以问题为导向，着眼于解决现实问题。学生参与解决实际问题的活动，帮助他们将跨学科知识和技能应用于实际生活中。研究社会问题的跨学科学习是一种将不同学科的知识和技能整合起来，应用于研究和解决现实社会问题的学习方式。这种学习方式不仅有助于学生综合运用各学科知识和技能解决复杂问题，也有利于提高他们的社会意识和社会责任感。从学生角度考察，跨学科学习可以培养他们的批判性思维、解决问题的能力和实践经验，让他们更好地适应未来工作和社会发展的需要。同时，研究社会问题的跨学科学习也可以让学生更好地认识社会、了解社会，从而提高他们的社会责任感和社会意识。从社会角度考察，跨学科学习可以为社会问题的解决提供更多元化和综合化的思路和方法。学生在研究社会问题的过程中，会结合多个学科的知识和技能去分析和解决问题，从而提出更加全面和深入的解决方案。这样的解决方案不仅能够更好地解决社会问题，还能够带来更多的社会效益。

二是多视角性。跨学科资源来自多个领域，包括自然科学、社会科学、人文科学等，涵盖了不同学科的知识和技能，能够为学生提供多元化的学习资源，且社会情境中的跨学科资源能够将不同学科的知识和技能进行有机结合，形成更加完整和综合的学习资源，使学生能够更全面地理解和应用所学知识。跨学科课程是将多个学科融合起来的课程，可以帮助学生获取不同学科领域的知识和技能。跨学科主题学习活动既有重视学生综合素质培养的考虑，也有带动课程综合化实施的意味。社会情境中的跨学科资源具有多视角性，即同一个社会问题可以从不同学科的角度进行分析和研究,这些不同的视角可以为学生提供更加全面、多元化的认识和理解。例如,对于气候变化这一社会问题,可以从环境科学、气候学、生态学、经济学、政治学等多个学科的角度进行研究和分析。这些不同的视角可以相互印证和支持,从而帮助学生更好地理解和应对复杂的社会问题。

三是群体实践性。跨学科教育需要不同学科、不同专业的专家和学生之间进行合作和交流。通过互相合作和交流,学生能够更好地发展自己的合作和交流能力。这种群体实践性是指跨学科教育资源需要不同学科、不同专业的专家和学生之间进行合作和交流。这种合作和交流是通过实践活动来实现的,涉及多方面的知识和技能,可以培养学生的合作能力和团队意识。在跨学科社会教育资源的群体实践中,学生需要合作完成实践任务,他们需要共同分工、合作协调、共同解决问题。在这个过程中,学生们需要理解和尊重不同学科的知识和技能,借鉴和吸收他人的经验和观点,从而形成一个真正的群体实践。跨学科社会教育资源的群体实践有助于提高实践效益。通过协同作业,群体实践可以将不同学科的知识和技能进行有机结合,形成更加综合和完整的解决方案。同时,通过团队协作,学生可以共同解决问题,提高效率和质量。

三、跨学科学习的价值

培养面向问题解决的跨学科思维能力。跨学科学习是以主题为媒介,通过问题导向的整体设计与实施,促进学生全面发展的教学理念。基于此,以实践社会情境融入跨学科学习可以让学生跨越单一学科的边界,从不同学科领域中获取信息,运用多元思维解决问题,培养学生的跨学科思维和能力,为其未来的发展提供更多可能,且通过社会问题的呈现,能够拓展学生解决问题的方式。社会问题就其实质而言,与每个人都息息相关,同时也是学生在日常生活或未来中所要面临的重要挑战。通过社会问题的呈现,能够结合不同学科解决问题的方式,更好地让学生理解和认识这些问题的本质,从而寻找更加有效和创新的解决方案。对于学生而言,通过社会问题的呈现可以帮助他们更好地理解社会现象和问题，培养批判性思维、解决问题的能力以及创新性思维。社会问题是我们所处的社会环境中最为现实的问题，需要借助跨学科思维加以更全面深刻的理解。对学生来说，能够了解和理解社会问题的本质，掌握解决问题的方法和技能，对于他们未来的生活和职业发展都具有重要的作用，同时能够激发学生探索社会议题的好奇心和求知欲；并且借助跨学科资源的引导，让学生形成跨学科思维，更加深入地思考问题，提高思考和探究能力，使学生更好地了解自身在社会中应有的价值观和责任感，通过不同学科视角深入探究社会问题，了解问题的来源和原因，为解决问题提供更加有效和可持续的解决方案，并激发其积极的社会参与意识，培养解决问题的综合能力和创新能力，提高学生的综合素质，从而更好地为社会做贡献。[①]

---

① 郭子超. 基于社会情境的跨学科主题学习构建[J]. 教育导刊，2023（7）：26-32.

第二章　跨学科的课程整合实践

2022年4月，教育部印发的《义务教育课程方案和课程标准（2022年版）》中指出，要围绕发展学生核心素养，精选和设计课程内容，设置跨学科主题学习活动，占学科总课时数的10%，强化学科间的相互关联，增强课程的综合性和实践性。

跨学科课程整合的终极目标是把"具有内在联系的不同学科、不同领域的内容或问题统整起来"，培养学生的通用素养（又称跨学科素养）。所谓的通用素养是指从一个"人"的视角而不是从单一学科的视角，对人的未来性与整体性进行思考，包含高阶认知、个人成长与社会性发展三个维度。跨学科课程整合的目标要考虑到两方面的因素：一方面，要关注学生的内在特征，目标设置具有阶段性和层次性；另一方面，要关注学生的目标的生成性，以过程取向为主，目标设置具备动态性和开放性。跨学科课程整合的目标不仅应该立足于人，更应该立足于生活，培养学生成为生活的主体，基于生活的逻辑有序开展规划，关注生活中的小目标、大目标以及它们之间的联结。小目标是指学生在生活中可具体操作的事件，大目标则是基于生活又高于生活的主观认知，它有利于学生生活智慧的养成。小目标的实现是大目标的基础，大目标的实现又对素养的修成有不可或缺的价值和意义。

跨学科课程内容整合是对尚未发生的问题作出判断，这种判断是一种对知识的调动和提取能力，知识越广泛，这种能力就越强，思维也越灵活。因此，尽管跨学科课程整合的内容边界泛化，但只要建构好完整的知识体系，就不会背离课程的理念，课程内容边界泛化的问题也就迎刃而解了。课程内容的习得和应用仍要结合真实情境，借助现实性体验形成"活知识"，形成课堂和现实知识间的动态互补循环，让知识兼具学校课程内涵之道和生活课程外显之术，"以知促知"，反向培育学生的知识建构能力。知识体系的构建离不开探索和应用，但也会出现诸多无意义、无关联的知识探索。因此，教师也需要拉着学生的"手"，关注症结和"有效错误"，最大可能助力学生创造性学习。

跨学科课程整合评价方式多元，除了"程度"外，还包括自评、互评、测验、展演、档案袋等。表面上，这可能会使教师在日常教学中无从选择。但究其实质会发现，这些评价标准的最终指向都是对"人"的衡量。所谓对"人"的衡量，本质其实是一种对"人文素养"的衡量。人文素养是人文知识内化之后所表现出来的涵养，它是一种稳定的基本品质架构，包括思想、观念、道德、行为、心理素质等，对外是文化修养、言谈举止，对内是以人为本、以人为中心的思想。构建指向人文素养的跨学科课程整合评价体系，目的在于关注学生的综合性素质，突出学生的发展性导向。学生综合素质具有多面性，因此，跨学科课程整合的评价机制也应该具有多元性。跨学科课程整合的评价标准应该关注学生的能力，这需要一定的时机和载体，因此，可以限制"一件事"或"一段时间"来记录学生的各方面指标，以作为衡量学生能力的标准。

新课标视域下的课程整合实践活动探索

徐菲菲

新课标指出，跨学科的整合是通过多门学科资源的介入，有效地解决问题。跨学科整合的意义就在于帮助学生从更高的维度构建起能力、思维、方法的整体结构。学科整合需要我们打破学科的壁垒，充分考虑学科的特点，构建以研究性学习、项目式学习、主题式学习为主要方式的融合性课程。二十中附属实验学校作为一所九年一贯制学校，对于课程整合一直都非常重视，力求做到贯通性培养孩子们，让孩子们在义务教育阶段的教育不断层有连贯性。而课程整合又有广义和狭义之分。广义的是指将两种、两种以上的学科，融入到课程整体中去，改变课程内容和结构，变革整个课程体系，创立综合性课程文化。针对教育领域中各学科课程存在的割裂和对立问题，通过多种学科的知识互动、综合能力培养，促进师生合作，实现以人为本的新型课程发展。从狭义上讲，课程整合对教师、学生、教学本身都提出了更高的综合性要求。这种要求并非面向知识，而是强调把知识作为一种工具、媒介和方法融入到教学的各个层面中，培养学生的学习观念和综合实践能力。作为艺术教师，整合多种学科的知识为艺术课程服务也是必备技能之一。

新课标指出艺术是人类精神文明的重要组成部分，是运用特定的媒介、语言、形式和技艺等塑造艺术形象，反映自然、社会及人的创造性活动。艺术教育以形象的力量与美的境界促进人的审美和人文素养的提升。艺术教育是美育的重要组成部分，其核心在于弘扬真善美，塑造美好心灵。义务教育艺术课程以立德树人为根本任务，培育和践行社会主义核心价值观，坚持以美育人、以美化人、以美润心、以美培元，引领学生在健康向上的审美实践中感知、体验与理解艺术，逐步提高感受美、欣赏美、表现美、创造美的能力。因此在课程整合下开展多种学科实践活动，是落实美术核心素养的重要途径。

一、实践活动着眼学科内核

自古以来，美术与社会历史、文化、政治、地理等学科有着千丝万缕的关系。值得注意的是，设置跨学科学习的原则并不是几门学科简单罗列和叠加，而是通过学科整合出新的理解，形成深度学习。就美术学科而言，实践活动是课程的重要组成部分，学生通过积极参与艺术实践活动，理解不同美术作品的形似美和意蕴美，陶冶情操，温润心灵，激发想象力和创造活力。但是对于美，每个学科都有自己独特的见解，而怎样的整合才能更好地帮助学生理解学科特色呢？作为一名美术教师基于现有的教材的学习内容来设计跨学科的学习，需要教师能够对美术教材内容非常熟悉并在此基础上研读课标、把握教材、熟悉学情，还要横向了解其他学科相关的学习内容，再进行跨学课的设计和实施，让教学设计更具有科学性和针对性。课程整合要结合学生的成长需求，把握显性和隐性、近期和远期、部分和整体的关系，美术的课程整合可以从多个方面着手。最主要的是美术学科课程内部的整合，课程内部的整合，就是把每一课都连贯起来，不是各自为政的单独知识点，而是系统的学习。美术的学习是知识的学习，更是美的学习，美的感受，审美的能力都是学习的重中之重。基于此，教师开展了一系列学科实践活动，以画展为载体，学生作品为依托，开展长达三年的贯通性整合实践课程，从"点、线、面"三个方面进行创意绘画设计。首先，点、线、面是线描绘画的基础，有递进关系，从点开始，让学生掌握点这一概念，点并不是一个简单的原点这么简单，点的形式有很多，线也是一样的。在模仿大师、自主创作等实践活动中，通过前期学习、中期创作、后期展示等环节，把以往学习过的美术知识、绘画技法等整体回顾，把知识串起来，形成学科内的整合。教师以任务、主题或项目的形式发展教学，将知识、技能嵌入其中，通过综合性、创造性的实践活动，促进学生深度理解知识、技能。提升综合能力。引导学生联系身边的事物和生活，发现问题，综合运动美术及其他学科的知识、技能和思维方式，创造性地完成美术作品或解决问题。

二、整合活动立足学生学情

课程整合要符合学生的学情特点，不能为了整合而整合，揠苗不能助长，相反会破环它原有的生长需求。美术可以培养人的审美意识，使人产生愉悦的心灵共鸣，与不同的学科内容相融合都能迸发新的创意。在与不同学科实施不同主题的跨学科学习中，美术可以从审美表达、技法运用、综合材料运用、创意想象等不同的角度切入进行学科间整合。小学阶段学生往往对美术充满兴趣，将美术与其他学科融合进行跨学科学习，不仅激发了学习热情，更促进学生成为一个会思考、会实践、会创新的全方位发展的人。

在整合实践活动中，教师要为学生营造开放的学习情境，引导学生亲近自然、感受生活，全身心地参与其中，焕发积极情绪，获得审美直觉和美感体验；指导学生通过欣赏艺术作品感知世界，体验情感，实现与艺术形象的共情；鼓励学生在情境中感知形象，迸发创意，运用艺术语言和方式表现自然美、社会美与科技美，体验创造的喜悦和自我实现的愉悦，提升实践能力、创造能力和审美能力。

三、课程整合要广不要深

就笔者个人而言，课程整合要广不要深，概括来说就是，课程整合并不是要教师把学科与学科罗列起来，把多个课程做成一节课来上，而是抛砖引玉，在本学科甚至是本节课中找到适合整合的关键点，自然整合，同时不要过多涉及其他学科的本质知识点，而是要点到为止。归根结底，课程整合是为更好促进学生的发展，让学生能更加全面地了解学科特点，从而让学生脑海里的知识连贯起来。

我们的教育要培养的是德、智、体、美、劳全面发展的未来社会的主人，美术在这些能力之中只占了一部分，所以课程之间要连贯起来。事实上，课程与课程之间有许多共通之处，就美术学科来说，很多课程都可以和它结合在一起。以一年级上《变脸的太阳》一课为例，众所周知，太阳是我们非常熟悉的事物，特别是对于一年级的孩子来说，他们有兴趣也能够去描绘，在我查阅资料时，发现太阳真的会变脸，从美国科学家拍摄的不同紫外线波长太阳就可以看出，这就可以作为课程中的拓展部分。这样，美术课程就和科学课程整合到了一起。但是，我在介绍这些时，会怎么说呢？我会在孩子们观看图片的时候说"孩子们，宇宙间有很多奇妙的现象，等待着我们去探索、去发现，你可以以此次美术课为契机，在以后的日子里去发现宇宙更多的奥秘"。至此，课程就结束了，我不需要解释这些是如何拍摄、是如何形成，那是科学教师的课题，而我要做的是在适当的时候介绍给孩子们，仅此而已，欣赏为主，理解为辅。因此，我说，整合更多是为学科服务的，要广不要深。

在课程中还有很多类似的例子，但是值得我们注意的是，课程的整合，不是为了整合而整合，是因时而整、因势而整，要充分把握每一次可以整合的机会，但也不能为了整合而生拉硬套。课程的整合是让课堂变得丰富有趣，让学科不再孤立，让孩子们在系统的知识结构中穿梭汲取养分。我想，只要用心思考，课程的整合便是我们的每一堂课，从我做起，从每一堂课做起，精选课程内容，优化课程结构，发挥小学课程的整体育人功能，促进学生核心素养的发展。

面对培养综合型人才的需求，学科整合已经是一种趋势，为培养全面发展的复合型人才夯实了基础。在今后的教学中，教师还需要进一步学习跨学科理念，改变单一的学科教学模式，注重各学科知识融合，真正做到为学生的未来而教。作为教育工作者应该勤勉认真、行而不辍，不断创新实践，把育人蓝图变为现实，培育一代又一代有理想、有本领、有担当的时代新人，为实现中华民族伟大复兴作出新的更大贡献！

"古典诗词吟唱"跨学科校本课程的开发与实施

刘青青

随着国家对中华优秀传统文化教育的不断深化推进，传承与弘扬传统文化、培养学生的传统文化素养，成为中小学校本课程开发的亮点和创新点。先秦时期，"诗、乐、舞"三位一体。《尚书·尧典》中记载："诗言志，歌永言，声依永，律和声。"《史记·孔子世家》中记载："三五百篇，孔子皆弦歌之。"可见，在古代，乐曾是联系诗词的纽带，每首诗词都能以歌咏的方式来传颂，是延续千年的文化传统。同时，古典诗词属于音乐文学范畴，而古典诗词吟唱就是运用传统的腔音唱法演唱中国古典诗词，对教师的专业能力、学科融合能力提出了较高的要求。在学校课程实施的过程中，通过突出音乐性、歌唱性的校本课程体系，激发学生对古诗词文化的艺术情感，坚定文化自信。

一、校本课程开发缘由

一是学生的传统文化素养，文化自信心亟待提高。目前，中小学生中崇尚国外流行音乐、淡漠传统音乐的现象较为严重，经调查发现，近90%的学生更加关注流行音乐趋势和西方音乐，只有少部分学生是由于自身学习传统器乐经历缘故、音乐课堂学习熏陶或者家庭环境影响喜爱传统音乐的。如果在音乐课堂上让每一位学生都学习并掌握一门民族乐器，进而传承音乐显然不太现实。实际上，学生的嗓音就是最好的学习乐器，因此在音乐课堂上通过音乐学习来吟唱古典诗词，以此来传承中华优秀传统文化，校本课程开发方案显得尤为必要。

二是校本课程的开发促进教师学科融合能力的提升。在最初实施"古典诗词吟唱"校本课程的过程中，老师们更多关注的还是本学科领域内的知识，可见，专业课程的学习更多的是精细化、孤立化和教学内容的碎片化，这使教师们明显缺乏学科融合的能力。音乐教师关注更多的是古典诗词歌曲的演唱，较少关注其背后的文化性、人文精神，以及不同诗词、不同体裁的风格特点。而语文教师关注更多的是诗词的创作背景、诗句的含义，较少关注吟唱的音乐性和可听性。诗乐本同源，学生要通过文字和韵律来体验中国古典诗词本身的格律美、意境美、辞藻美和含蓄美。因此，深入开展古典诗词吟唱、开发古典诗词吟唱的校本课程，不断提升教师跨学科融合能力，对古典诗词吟唱的研究具有重要意义。

二、校本课程开发方案

古典诗词吟唱校本课程属于跨学科综合课程，直接可以选用的教材较少，仅有小学音乐教材中的《咏鹅》《春晓》《静夜思》三首古诗词歌曲，七年级上册的《春江花月夜》和九年级上册的古曲合唱《阳关三叠》两首作品，在课程实施过程中，需要教师采用素材整合、改编和原创等形式，自主开发校本教学素材，构建课程体系。

（一）总目标

一是夯实传统文化基础。古人云："乐以诗为本，诗以声为用。"在"古典诗词吟唱"的课程中，一方面将吟唱与文字相融合，通过"和诗以歌"的方式将古典诗词传递给学生，激发学生对古诗词文化的艺术情感，传承中华传统文化；另一方面，引导学生用腔音唱法古雅的韵味去吟唱古典诗词，以提高学生的吟唱能力，促进教学相长。

二是夯实传统文化基础。在古典诗词吟唱校本教学实践研究中，对传统音乐与古代汉语、古典诗词文意与声情、古代思想与中华人文精神等诸多方面均有涉猎，力求在教学中提高学生对中国古典诗词的鉴赏能力，以及对中华优秀传统文化的认同度，增强民族文化自信。

三是拓宽教研的深度和广度。在自主开发古典诗词吟唱校本课程与教学素材的过程中，教师需要首先梳理中小学音乐、语文教材中代表性的古典诗词；其次查阅古典文献、古曲传承的代表作品；最后从文学界相关吟诵研究成果中查找可以借鉴的内容，不断拓宽校本课程教研的深度与广度。同时，本着边研究、边实践、边开发课程素材的原则，定期总结和反思，以提升教师的课程开发能力，构建古典诗词吟唱校本课程体系。

（二）教学素材开发

一是整合中小学音乐、语文教材。在课程实施过程中教师对现行中小学音乐教材中的古诗词歌曲、语文教材中的重点古诗词篇目进行梳理与整合，选择适合中小学生的作品作为古典诗词吟唱校本教学素材，并结合教学实践，不断丰富与完善校本教学素材。

二是遴选经典古诗词歌曲。首先，从中国古典诗词演唱专家姜嘉锵、王苏芬、戴学忱等演唱并出版发行的代表曲目中，选择适合中小学生学唱的作品作为校本课程的教学素材。其次，从作曲家黎英海、谷建芬、戴于吾原创的古诗词歌曲中选择经典曲目，作为校本教学的重要素材。

三是原创古诗词吟唱曲、古曲合唱。我们在创作古诗词吟唱曲时，主要借鉴古代文人自度曲的基本方法，如依声填词、依义行调、依字行腔等。同时在普通话四声调值音程规律的基础上，结合古诗词中每个字的声调走向及诗词的声韵、体裁等特点原创古诗词的吟唱曲调。此外，发挥课题组成员的专业优势，请课题组教师创作古曲合唱，作为校本课程的教学素材。

三、校本课程实施策略

在校本课程实施的过程中，我们根据音准、音色等标准在班级中选取恰当的曲目进行排练，利用每周两节课的基础课程教学时间进行教学，通过系统的、扎实的实践研究，探索出了有效的实施策略运用于课堂教学中。

（一）借助趣味游戏进行吟唱训练

为避免教学中因单纯教授吟唱的发声技巧、腔音唱法而使课堂变得沉闷、枯燥，笔者与课题组成员在大量的实践研究中，共同开发了一系列趣味游戏训练方法，激活了课堂、融洽了氛围，提升了学生的学习兴趣和内在创新动机。同时，为吟唱更具中国味道、艺术化的古典诗词作品做好了准备。

1. 练气息

气息是吟唱诗词的动力，声音的强弱变化、诗歌情感的表现等都要通过气息的支持才能完成。笔者在教学中采用游戏的方式进行气息训练，如随着音乐模拟给自行车打气、吹气球或吹蜡烛等动作，以增强学生的学习兴趣。

2. 练吐字

字正腔圆是对吟唱的基本要求。无论是用普通话还是用地方方言吟唱，都要求吐字清晰、发音明朗、依字行腔。笔者在教学中采用了游戏接龙的方法——"声声慢"，教学效果显著。例如教师口念黄"huang'字时，其声母"h"、介母"u"、韵母"ang"都要交代清楚。练习时，要求学生比一比谁念得慢，模仿得像。

3. 练润腔

润腔是在中国民族声乐艺术发展过程中形成的一套对唱腔加以美化、装饰、润色的独特技法，它能够赋予古典诗词吟唱更强的韵味与风格。笔者在教学中采用游戏的方式引导学生体验润腔，可以帮助他们自然而然地表现出古诗词的韵味。

例如，学唱古诗《春晓》时，笔者设计了"高中低"的游戏。请学生听辨诗中第一、第二和第四句的最后一个字"晓、鸟、少"，哪个音高、哪个音低，再用手势、身体动作表现音的高、中、低。为了进一步让学生体会这些装饰音（韵味），笔者引导学生用手势和身体动作加以细化。同时，师生共同探讨哪些手势和身体动作更加契合"晓、鸟、少"的变化，并以演唱的形式表现出来。由此，学生在演唱时，会不由自主地带着手势或身体动作表现装饰音及诗的韵味。

（二）依据体裁发展进行吟唱体验

古典诗词吟唱作品的体验是校本课程的主要内容，可以进行模块式教学。例如先学古体诗模块，再学习近体诗模块，最后学习宋词模块。

从格律上看，诗可分为古体诗和近体诗。从《诗经》到《楚辞》再到汉乐府，古体诗的传统源远流长。大致划分的话，唐代以前的诗都属于古体诗，唐以后古体诗也一直在发展。近体诗以律诗为代表，其韵律、平仄、对仗都有许多讲究，因此也称为律诗。格律就是读法，读错就会理解错。古体诗不受近体诗格律的束缚，相对自由，大多是和乐而歌的。因此，在校本教学中，我们先从规则较少的古体诗的吟唱开始学习，逐步过渡到格律严格的近体诗，最后是宋词模块的学习。宋词虽然距离我们最近，有很多词牌广受欢迎，但这些词牌只留下了文字而没有乐谱，再加上宋词受律诗的影响，词中律句特别多，词的韵及平仄、对仗非常复杂，所以宋词模块的学习要在学生积累了大量古诗词的常识和吟唱经验后再进行。

古典诗词吟唱体验作为校本课程中最主要、最重点的学习内容，需要教师根据学生的基础和实际情况，制定知识、能力目标，结合古典诗词的体裁模块进行大单元的整体教学和体验活动的设计，使校本课堂提质增效。

（三）以传统与创新结合的方式学古曲合唱、品文人音乐

很多教师在面对根据古曲改编的合唱作品时，会采用西方合唱训练的方法，尤其是以美声唱法进行排演，使中国古曲合唱的风格呈现出西洋歌剧的味道，而且在改编过程中也会出现大量的倒字现象。我们在排练古曲合唱时，应在保留合唱传统的和声、音准训练的基础上，采用"润字""润腔"的方法，正字音，美化拖腔，使中西合璧的古曲合唱充满中国味道。"润字"即借助上下滑音和装饰音唱法，把重点节拍、核心词上的"倒"字"正"过来。"润腔"是把古诗词节奏点上的字进行拖腔美化，特别是所押韵的长托腔，运用装饰音先把字音"正"过来，之后运用腔音唱法及波浪式的颤音把声腔延长。

文人音乐主要包括文人自度曲和古琴音乐，是中国传统音乐的重要组成部分。在文人音乐的学习体验中，首先，我们引导学生认识古琴与琴歌，用

讲故事的方式使学生了解古琴的由来，借助图片、视频、音频等形式欣赏古琴名曲及琴歌，并用传统口传心授的方式教学生学唱琴歌。其次，指导学生尝试为古典诗词编创旋律，体验文人自度曲的乐趣，提升创意实践能力。具体步骤为：第一，为所编创旋律的古诗词标声调，画吟诵符号；第二，按照吟诵的基本规则吟诵全诗；第三，将古诗翻译成白话诗，分析每一句诗的含义、旋律走向及押韵；第四，借鉴教师提供的旋律编创素材，并结合之前的分析及普通话调值的音程规律，引导学生自主为古诗词进行旋律编创。

（四）通过学科融合的方式渗透相关文化

中国古典诗词博大精深，时间跨度久远，传承了中华上下五千年的灿烂文化。课题组教师潜心研究、用心挖掘每一首古诗词背后的历史朝代、文学典故、人文思想、诗人故事、古代汉语常识（如格律与音韵学等）及关联的传统文化，在古诗词的讲解、吟诵或吟唱中，运用多学科知识融合的方式潜移默化地对学生进行渗透，丰盈了古典诗词吟唱的课堂，滋养了思想，丰富了学生的文化储备。

（五）运用多元化的学习评价方式

每两个月对学生进行一次阶段性的学习评价，每个学期末进行终结性评价。为了发挥学生自身的优势，评价的方式有吟唱诗词、诗配画、吟诵、写学习感受等，让学生根据自身的情况自行选择多元化的学习评价方式。这样，在面向全体学生的同时，还可以兼顾学生的个性特点，增强了学生的学习兴趣，提升了其自信心。

在古典诗词吟唱校本课程的开发与实施过程中，学生掌握了传统的腔音唱法，积累了不同体裁的中国古典诗词吟唱作品三十余首，在涵养人文底蕴的基础上提升了综合素养，提高了对中华优秀传统文化的认同度，增强了文化自信。教师们在文献研究、课例研究及校本课程素材开发与实践中，提高了传统文化素养，提升了跨学科融合教学能力与课程开发能力。古典诗词吟唱团的表演音频、视频定期通过校园广播站在全校播放，且在语文课堂上作为诗词教学的示范进行展示，使古诗词吟唱的声音时常从校园不同的角落传来,"诗香"校园的文化特色已经悄然形成。

理性与感性碰撞的教育新路径
——"科学+美育"实践初探

杨蓉

维克多·什克洛夫斯基曾说过:"艺术之所以存在,就是为了使人恢复对生活的感觉,就是为了使人感受事物,使石头显出石头的质感。艺术的目的是要人感觉到事物,而不是仅仅知道事物。"正因为有了科学,艺术之美才显得更加丰满形象。因此,我们要让孩子走进大自然,走进生活,激发孩子的好奇心,充分利用他们的感官——看、闻、听、摸,促使孩子们更细致地观察、发现生活中一切美好的事物,引发他们深刻的思考、充分的交流和积极的探索,寻找这些美好事物背后所蕴含的科学因素,使孩子从中获得丰富的知识,感受科学的美妙,提高他们的审美能力及对科学的敏感性。

2020年,中共中央办公厅、国务院办公厅印发了《关于全面加强和改进新时代学校美育工作的意见》(以下简称《意见》)。《意见》指出,以美育人、以美化人、以美润心、以美培元,把美育纳入各级各类学校人才培养全过程,贯穿学校教育各学段,培养德智体美劳全面发展的社会主义建设者和接班人。美育作为五育必不可少的重要环节,在促进学生德智体美劳全面发展、培养学生综合能力、落实立德树人、实现培根铸魂方面发挥着重要作用。在分析新时代学校美育内涵和美育现状的基础上,我校教育教学干部高站位引领,提出建构美育体系、深化美育课程改革和推行综合性评价的各项应用策略,各学科教师各出奇招,开发一系列以美育育人为导向的综合实践活动。下面围绕本校理综组教师关于美育渗透实践活动的尝试进行简单分享交流。

一、模仿与想象，发现生命之美

为全面落实习近平生态文明思想，推进青少年生态文明教育工作，贯彻"立德树人""五育融合"育人理念，我校科学教师借助"金蕊"自然笔记作品的征集活动，引领低中学段的学生走进自然、观察自然、记录自然、感受自然、研究自然，在亲近自然的过程中，获得丰富的实践经验，树立人与自然和谐共生的观念，在跨越学科界限的综合实践学习中，提升观察力、探究力、表现力和创造力。

当孩子们用眼睛观察自然万物后，所再现出来的"作品"是对大自然的观察和体验所获得的视觉经验，实际也是一种模仿。从某种意义上说，孩子是通过模仿来学习，模仿越逼真的孩子，他的感受就越是丰富；模仿浅显的孩子，他的感受也就比较贫乏。在对自然笔记的创作过程中，引导孩子们充分调动各类感觉器官，关注每一个小细节，捕捉自然生灵的美，在科学探索中渗透美的教育，由衷地运用美术的方式表现对动植物热爱的情感。

二、操作与实践，感受模型之美

美育是审美教育、情操教育、心灵教育，也是丰富想象力和培养创新意识的教育，能提升审美素养、陶冶情操、温润心灵、激发创新创造活力。加强美育与德育、智育、体育、劳动教育相融合，充分挖掘和运用科学蕴含的体现中华美育精神与民族审美特质的行为美、科学美、秩序美、勤劳美、艺术美等丰富美育资源，是新时代学校美育工作的目标。

（一）美育在小学科学实践活动中的渗透

用纸板、木块、金属等原料做出来的想象中的三维结构，就像小孩子搭积木的游戏。科学家经常用模型来代表非常庞大的或是及其微小的事物。模型方法是科学研究中非常重要的一个方法。其中物理模型以实物或图画形式直观地表达认识对象的特征。

在五上教科版《地球表面的变化》单元中，我校科学教师精心设计综合实践活动：制作多姿多彩的地球模型。在活动过程中，学生们了解了地球的表面，知晓海洋、陆地上有形态多样的地形及其成因，根据小组设计，因地制宜、发挥想象，用纸板、超轻黏土、颜料、废弃报纸等，加工制作出各种地形，并且通过上色，最后完成出色的设计。在实践中，学生领略地形的多姿多彩，感受科学之美，同时享受着实践所得的喜悦。实践活动的开展可以让学生的想象力得到丰富，更好地提高学生对美的认识，提高学生的美育能力，促进学生的全面成长。

五年级科学《制作多姿多彩的地形模型》活动方案

一、活动目标

1. 为学生提供亲历科学、体验科学的实践时机，培育他们对科学的兴趣和热爱感情、不断探索地球表面形态变化原因真谛的兴趣与愿望。

2. 引导学生亲历科学实践活动，完善或修正已有认知，逐步形成对地形变化成因的科学解释，能用常见材料设计制作地形模型，更直观地感受各种地形特征，同时在建造模型的过程中培养学生对美的认识和理解。

3. 驱动学生变被动的接受式学习转变为乐于探究、勤于思考的主动式学习，能够依据小组任务需求主动去搜集地形相关资料、设计思考、动手制作。

4. 在制作地形模型的活动中培养学生收集和处理信息、提出问题、分析问题和解决"结构不良"问题的能力，发展学生的科学核心素养。

5. 通过理解地球表面的变化、地形的成因感受科学技术的进步对人类探索、了解自然带来的可能与便利。认识到人类与环境是相互影响的，应自觉保护环境。

二、活动主题：制作地形模型

三、活动内容

通过学习本章内容，学生们了解了地球的表面，海洋、陆地上有形态多样的地形及其成因，根据小组设计、因地制宜、发挥想象，用纸板、超轻黏土、颜料、废弃报纸等，加工制作出各种地形，并且通过上色，最后完成出色的设计。在实践中，学生领略地形的多姿多彩，感受科学的无限魅力，同时享受着实践所学的喜悦。

四、活动准备：模型设计表，纸板、超轻黏土、颜料等DIY制作材料

五、时间安排：10月下旬的科学课堂时间进行

六、具体实施过程

第一阶段：制作模型的知识学习

学生在教师的引导下，通过资料学习与观察活动，认识常见的陆地地形，明晰主要特征；对地球表面的地形有整体认知，对地球内部结构及状态有初步认识，了解内部力量引发的地表变化，了解外部力量引发的地表变化。

第二阶段：设计地形模型

依据项目化作业要求，结合习得的科学核心知识，学生通过小组共同学习，进行地形模型的设计。

（二）贯通培养下，"建"微知著，展模型之美

在课堂教学中，运用模型构建来促进初中学生核心概念学习是一种行之有效的教学模式。为了增进学生对生命科学的了解、用所学创造所见，让生命的奥秘在美和艺术的帮助下呈现，生物模型制作使我们脑海里的生物构造和生命过程具象化、实体化，在亲手制作模型的过程中探索和展现生命的美。授课教师在生物学科的教学过程中，开展"迷你小世界，生物大魅力"学科实践活动，在制作细胞模型的过程中，同学们或小组合作讨论，或独立构思创作，充分发挥想象力，使原本肉眼不可见的细胞和生理过程变得形象而具体。通过利用废旧物品制作单细胞模型，领悟生物的"科学美"，并促进环保观念的形成，进一步走进微观世界，欣赏生命之美。此次美育实践项目展出的作品从不同角度展示出了作者对生命之美的体验和表现，通过活动进一步提升了学生审美情趣和动手能力，丰富了学生的校园文化生活。

三、开拓与创新，欣赏艺术之美

自制乐器是学生喜闻乐见的学习活动，教师从学生的兴趣爱好出发设计与展开教学，能给学生带来更多的学习启示，增强课堂教学效果。在本学期的实践活动中，四年级组科学老师联合音乐老师开展跨学科整合活动"我是科学演奏师"，在各位老师悉心指导下，同学们根据所学知识选择不同种类

的材料，让不同属性的材料有序排列，制作不同类型的小乐器，用科学方法使其发出高低、强弱不同的声音。根据所做乐器的特点，运用适当的方式演奏制作的小乐器，尝试演奏出简单的乐曲，得出实践成果后并总结方法汇报，为大家带来一次艺术之美的视觉盛宴。

四、理解与动手，感悟科学之美

除学科实践活动外，我校开展了多彩脊梁课程，打造特色美育课程，整个课堂教学以生活中的科学知识和动手实验为主，充分培养学生的科学探索精神，将学生的兴趣、动手、认知发展充分结合起来，助力孩子的学习与成长，在实验的同时，激发学生创造美的兴趣，引导学生大胆想象、积极表现创造。

案例1《色彩传送带》教案

班级：三年级		教学主题：实验柯南君	
课题名称：色彩传送带		课型：实验课	
课时：2课时	本课属第1、2课时		
教学目标	1. 知道什么是浸润和不浸润现象 2. 知道什么是毛细现象 3. 知道毛细现象在实际中的应用		
教学重点	了解毛细现象		
教学难点	利用毛细现象制作色彩传送带		
教具	—	学具：塑料杯、色素、水、纸巾	
教学环节	教师活动	学生活动	设计意图
一、新课引入 假设猜想	俗话说得好"人往高处走，水往低处流"，可现在水却自己往上爬了，这是怎么回事？ 活动（一）多种材料浸水 1. 认识材料 桌上有哪些材料？ 2. 假设猜想 哪些材料能让水往上爬，哪些材料不能让水往上爬？	学生大胆猜想 学生作出判断，并说出判断理由	对"分子"进行初步了解

续表

教学环节	教师活动	学生活动	设计意图
	3. 设计实验 怎样验证我们的猜想？ 4. 汇报交流 活动（二）制造孔隙 1. 设疑 这里有一块玻璃块，你能想办法让水也能上升吗？ 2. 师生交流 3. 教师小结 没有孔隙的物体制造出合理的孔隙也可以让水往上升。 活动（三）纸上的扩散现象 1. 认识材料 滤纸一张、滴管一支 2. 布置实验 用滴管在过滤纸上滴一滴水，你发现了什么？ 3. 汇报交流 水向四周扩散 4. 教师小结 水不但能沿着有孔隙的材料上升，还能沿着有孔隙的材料向四周扩散，这种现象叫做毛细现象	将材料的下端同时浸入水中观察实验现象 学生讨论，设计实验，分组实验 学生代表汇报交流 仔细观察，汇报观察现象	
二、检验猜想、探究活动	5. 引导提问 刚才实验中有同学告诉我，有的材料让水爬得高，有的材料让水爬得低，水上升的高低与孔隙的大小有没有关系？ 提示：两玻璃片中间绑一根火柴，使之一端缝隙大，一端缝隙小 6. 汇报交流 7. 教师小结 孔隙越大，水上升得越低；孔隙越小，水上升得越高	学生提出假设猜想，同时设计实验进行实验验证 小组汇报实验结果 学生分析，设计实验，实验验证	引发认知冲突，引起学生的兴趣

· 149 ·

续表

教学环节	教师活动	学生活动	设计意图
三、活学活用	下发实验材料： 水杯、纸巾、色素、水	小组合作制作色彩传送带	团队互作，提高学生动手实践能力，落实课堂知识
板书设计	色彩传送带 毛细现象： 浸润、不浸润 孔隙越小，水上升的越高；孔隙越大，水上升得越低		
教学反思	通过引发认知冲突，导入新课，极大地调动了孩子们的探究兴趣 整堂课程均以孩子为主，注重孩子的思维提升 提前强调色素的颜色色差要大		

案例2《水晶滴胶植物标本》教案

班级：五年级		教学主题：爱·创奇趣屋	
课题名称：水晶滴胶创意植物标本		课型：实验课	
课时：2课时	本课属第1、2课时		
教学目标	1.学习水晶滴胶的基本原理 2.制作水晶滴胶植物标本，提升孩子的动手能力 3.通过讨论和交流，提高孩子们的问题意识，激发研究植物标本的兴趣		
教学重点	学习水晶滴胶的基本原理		
教学难点	制作心仪的水晶滴胶植物标本		
教具：		学具：	
教学环节	教师活动	学生活动	设计意图
一、谈话导入 假设猜想	谈话：标本是解决植物学教具的有力手段之一。但植物标本比较脆弱，怎么才能长久地保存植物标本，使其不损坏呢？ 过渡：今天我们一起来学习一种新的塑封植物标本的好方法，不但能使植物标本保存完整，还能使它们像艺术品一样富有魅力 1.出示水晶滴胶植物标本图片，激发学生兴趣 提问：知道这是什么吗？ 揭示：这是用水晶滴胶塑封的植物标本。你知道什么是水晶滴胶吗？	预设：塑封起来	

续表

教学环节	教师活动	学生活动	设计意图
二、了解水晶滴胶植物标本	2.介绍：水晶滴胶是由高纯度环氧树脂、固化剂及其他改质组成。其固化产物具有耐水、耐化学腐蚀、晶莹剔透的特点，可对工艺制品表面起到良好的保护作用。用水晶滴胶封存的植物标本，表面光滑呈水晶状，持久、美观 3.追问：用水晶滴胶保存植物标本有什么好处？ 4.引出课题《水晶滴胶创意植物标本》	学生自由发言	
三、设计、制作、优化	（一）激发设计思维 1.提问：动手之前，你有什么问题？ 2.提问：如何让你的水晶滴胶创意植物标本独一无二、富有美感呢？你打算如何摆放、剪裁自己的植物标本？ 3.汇报、交流 （二）动手实践操作 1.猜一猜：如何制作水晶滴胶？ 2.出示A胶、B胶，需要用它们来配置水晶滴胶，配置好后即使不使用也会凝固，为了不浪费材料，我们需要对模具大小进行测量。怎么测量？ （1）差量法测量模具大小 估计水量，选取量杯；在量杯中加入水，记下体积V1；把水加入模具中，记录剩余水的体积V2。模具体积为V1-V2 注意：正确使用量筒；读数时，平视；四舍五入，记整数 （2）量取A胶、B胶	学生自由发言 学生分组讨论，简单设计，画图记录	

· 151 ·

续表

教学环节	教师活动	学生活动	设计意图
四、理论联系实际	介绍：A胶和B胶的混合比例是2.5∶1，需严格控制。提问：需要多少A胶，多少B胶呢？怎么量取比较简便？ 小结：戴好一次性手套，先用量杯测量B胶，B胶体积＝（V1-V2）/3.5，再继续加入A胶到模具体积所在的刻度 （3）学习制胶 用搅拌棒朝一个方向不断地搅拌约一分钟，以看不到有丝状物为止 静止10分钟左右，等气泡消失。仍有气泡可用针管抽掉气泡 3.学习灌胶 提问：怎么用水晶滴胶将植物标本封起来呢？ 补充：在模具中先加入滴胶，将植物标本根据自己的设计摆放好 提问：如植物标本易浮在表面，怎么办？ 学生讨论、交流 补充：先加一层水晶滴胶，放入植物标本稍干再次倒入滴胶 4.成型、整理 （1）自然风干一到两天左右即可固化。脱模后，可以用抛光砖进行抛光 （2）及时清洗量杯，马上用湿巾纸擦干 5.安全须知 （1）请在老师、家长的指导下实验 （2）使用工具注意安全 （3）实验中请佩戴好手套，完成实验后洗手 6.提供器材，分组制作水晶滴胶植物标本，教师巡回指导	学生学习制作水晶滴胶过程 学生讨论、交流 学生讨论、交流	团队互作，提高学生动手实践能力，落实课堂知识

续表

教学环节	教师活动	学生活动	设计意图
四、理论联系实际	（三）展示与评价 1. 分组展示水晶滴胶植物标本 2. 请对自己在 STEM 活动中的表现作出评价 （四）拓展与应用 水晶滴胶植物标本选择不同形状的模具，造型各异！在配置过程中还可以加入色素，使作品呈现不同的色彩；装上各种配件还可以变成一件件美丽的首饰、小挂件或墙饰。 小设计师们，应用所学课后设计、制作一款水晶滴胶植物饰品吧！		

基于前期的实践探索，学校授课教师注重在原有基础上构建正向全程多元的评价体系，使评价遵循美育规律和特点，强调实践体验，聚焦学生美育学科审美感知、艺术表现、文化理解、创意实践等方面的核心素养，纵横双驱动，最终指向学生知识、审美及道德水平的提升。在一系列实践活动中，通过实操激发学生对科学活动的兴趣，提升学生的美感和审美能力，并在课堂教学的过程中进行以美育为导向的学习评估：实践操作评估、创意活动评估、反馈评估。通过学生喜闻乐见的评价方式，着力于学生的内在情感意志、态度的激发，使得学生在学习活动中，更多地体验美育学习的乐趣，进一步培养学生的审美情趣，促进学生的发展。

第三章　跨学科的教与学实践

　　传统的学科教学注重知识的独立学习和专业化培养，但现实世界的问题和挑战往往是复杂而跨学科的。因此，跨学科学习能够通过打破学科藩篱，解决学科知识碎片化、孤立化等问题，克服教学实践中学科知识授受的弊端，以提高学科教学效率。在跨学科学习中，教师围绕跨学科的共同主题来组织课程学习，并将跨学科知识嵌入学科的共同知识，以强调跨学科的技能和概念。因此，跨学科主题学习具有以下特点：第一，跨学科主题学习不再以单一学科知识为中心，取而代之的是基于真实复杂生活情境的问题，将多个学科的知识融入一个主题中，寻求不同学科知识的内在联系并进行重组；第二，跨学科主题学习以学习者为中心，以学习者现有的学习和生活经验为基础，并将其回归至抽象经验，从而获取更加广泛的未来经验，注重学生主体性的发挥以及学习过程表现；第三，跨学科主题学习聚焦现实问题的解决，项目式或问题式教学是其主要的教学方式，通过解决问题获得所需要的跨学科知识、技能与素养，并形成相应的高阶思维。[1]

　　跨学科学习的目标是解决不能用单一学科解决的复杂问题，将养成教育作为其第一目标、学科教育作为其第二目标，跨学科技能的培养与素养的养成是其重要的教育功能。相对于学科教学，跨学科教学更容易建立与现实生活的联系，学生通过跨学科主题学习能够获得增强的系统思维和学习技能、更高阶的认知技能、更好地建立联系的能力；通过整合不同学科信息来解决项目中的问题，对学生的社会认知和情感发展具有积极作用。许多研究也证明，接受过跨学科课程正式学习的学生比学科课程学习的同年级的学生更能够综

---

[1] 杨昕，丁荣，段玉山.跨学科主题学习：价值、困境与实施路径——以地理学科为例[J].天津师范大学学报（基础教育版），2024（1）：70-75.

合多学科优势，从而处理一些社会和环境的突发性、不确定性、矛盾性问题。但跨学科教学并不能取代学科教学，相反，它以有意义和有联系的方式选择和重组学科目标，其价值是基于学科课程价值之上的，而有意义的跨学科主题学习对学生、教师、学校都会产生积极的影响。

跨学科教与学目前正处于蓬勃发展期，仍存在一定的困境。首先，学校课程设置短板。传统的学科教学方法更倾向于在学科范围内解决问题，而跨学科教学的实施需要跨越多门学科，在教学实践中，为避免影响各学科教学连续性，需要设置单独的课程来完成。因此，学校需要专门为跨学科学习进行课程编制或课外活动规划。其次，跨学科课程内容编排不足。课程内容被课程目标及学科教材所限定，跨学科的尝试对学校和教师有一定压力。最后，学校教学保障措施的欠缺。跨学科主题学习的顺利实施需要学校重视对教师展开跨学科教学培训、提供专项资金和基础设施保障、鼓励各学科教师积极交流合作等。

跨学科学习作为一种全新的教学模式，改变了原有单一学科教学方式，进一步推进了学科课程体系的变革。跨学科教学设计没有固定的模式，各个模式之间没有优劣之分，在进行课程设计时应根据教学资源、教师能力、学生学情等具体情况选择适合学生的跨学科教与学模式，从而能够生成多样、有效、开放的跨学科主题学习教学设计。

单元整体视角下的语文跨学科学习设计

赵春艳

《义务教育课程方案（2022年版）》明确提出"加强课程内容与学生经验、社会生活的联系，强化学科内知识整合，统筹设计综合课程和跨学科主题学习。开展跨学科主题教学，强化课程协同育人功能。"这些内容强化了课程的综合性和实践性，凸显了课程的育人功能，这是落实立德树人根本任务、发展学生核心素养的要求。跨学科主题学习成为教学改革新的方向标。

关于跨学科主题学习，2022年版义务教育课程标准中提法有不同。《语文课程标准（2022年版）》中称为"跨学科学习"。北京师范大学张华教授认为跨学科学习是从学习者的角度出发，整合两种或两种以上学科的观念、方法与思维方式以解决真实问题、产生跨学科理解的课程与教学取向。跨学科学习在整合中培养学生跨学科素养，发展其综合能力。跨学科学习是学习方式、思维方式的变革。

从语文课程标准（2022年版）看，把跨学科学习作为"学习任务群"之一，渗透了学科融合的课程理念，凸显了语文课程的综合性和实践性。"课标"给出了"跨学科学习"的定位："本学习任务群旨在引导学生在语文实践活动中，联结课堂内外、学校内外，拓宽语文学习和运用领域；围绕学科学习、社会生活中有意义的话题，开展阅读、梳理、探究、交流等活动，在综合运用多学科知识发现问题、分析问题、解决问题的过程中，提高语言文字运用能力。"跨学科学习给学生的学习提供了更广阔的空间，基于学校、家庭、社会各个场景，以生活为基础，在真实情境中学习与应用，让学习更开放；通过语文实践活动，搭建平台，整合资源，打通学习与生活、课堂与社会的壁垒，让学生融通学习与实践中感知、体验、理解、创造和传承，促进学生核心素养发展；同时，作为新型的学习方式，跨学科学习具有探究性，学习空间大，学习方式多样化，学生在参与中可更好地发挥自主性、合作性和创造性，激发学习兴趣，促进高阶思维发展，提高实践创新能力和综合素养；最后，从课程育人角度看，跨学科学习是各门学科自觉从综合育人的角度出发开展的整合性的综合学习活动，可以更好的发挥课程协同育人的功能。

本文以统编版语文六年级上册第二单元为例，探讨单元整体视角下的语文跨学科主题学习设计。

一、学习主题设计坚持单元整体视角

纵观统编版语文教材，以单元形式呈现，围绕"人文主题"和"语文要素"双线组织单元。注重加强不同年段、不同册次之间的纵向联系，体现由易到难、由浅入深的发展梯度，也注重单元内部的横向联系，内容环环相扣。因此，在跨学科主题学习设计的时候，就要遵循单元编排特点，站在单元整体的视角，联结课堂内外，联结生活，开展阅读、梳理、探究、交流、实践等活动，利用学科知识进行现实生活的观察和问题的解决，拓宽语文学习和运用的领域，实现学习方式的变革。

统编版语文六年级上册第二单元的"人文主题"是"革命岁月"，教材中编排了《七律·长征》《狼牙山五壮士》《开国大典》《灯光》《我的战友邱少云》等五篇课文，其整体的价值导向鲜明，旨在引导学生感受革命者英勇斗争、不怕牺牲的革命英雄主义精神。因此，在这一单元的跨学科主题学习设计上，要体现单元价值导向、育人导向，凸显主题，并围绕学习主题将学习内容、学习情境、学习方法、学习资源等进行言语实践活动的统整。因此，将本单元跨学科学习的主题设计为"重温革命岁月，厚植爱国情怀"，并在此基础上，引导学生细化小主题。

二、学习情境设计要贴近生活

学习情境是教师与学生互动的场景，可以是具体情境，也可以是模拟情境。在学习情境设计上要真实，要贴近生活，激发学生主动学习的愿望，乐于解决实际问题，体现情境的真实性。本次跨学科主题学习，以"主题展览"为学习情境，进行任务驱动。

同学们：在举国欢度国庆之时，让我们一起重温开国大典那激动人心的时刻；在党的二十大即将召开之际，让我们一起向为党的事业牺牲的革命先烈致敬。我们年级要开展一次"重温革命岁月，厚植爱国情怀"主题展览，表达我们对党、对祖国、对人民的爱！你既是主题展览的设计者，也是主题展览的讲解员，到时，我们会约请3~5年级的同学到我们这里参观。希望同学们积极参加。

该学习情境的设计核心是突出与真实生活情景的贴合性：一是紧紧围绕单元"人文主题"，凸显主题引领；二是对接生活，确立"角色意识"，明确活动的意义，激发参与热情；三是体现实践性，学生通过设计、实施、讲解，在多学科实践中体现了综合素养；四是体现学习成果的产出，"给3~5年级学生讲解",学生在体验中有学习成就感,让学习更富有意义。

三、学习任务设计要体现整合

学习任务简单说就是在学习中做事。学习任务的设计要结合单元学习目标,整合单元学习内容和方法,体现任务的驱动力和发展力。体现过程的开放性、内容的综合性,引导学生自主实践、合作探究,调动潜能,真正学起来、动起来、研起来、做起来,实现多学科的融合及多层次目标的综合发展。

任务一:自读本单元的五篇课文,按时间顺序梳理相关的历史事件,画出历史事件时间轴,对应时间点标出历史事件。

这样设计,遵循教材编排的特点,从不同革命斗争阶段感受革命者精神。编者选择的五篇课文,从1934年10月长征开始,到《狼牙山五壮士》抗日战争时期,到《灯光》解放战争时期,到《开国大典》中华人民共和国成立,到《我的战友邱少云》抗美援朝战争。时间连续,历史事件典型,人物形象凸显。

任务二:自主选择学习研究小组,完成主题展览项目研究书,开展小组任务实践。

主题展览设计要求:①活动小主题。与大主题契合、与展示内容契合。②展览前言。可以是平铺直叙型,也可以散文艺术型。③从"长征""抗日战争""解放战争""开国大典""抗美援朝"中选择1~2个内容进行设计。既包括相关事件介绍,也包括英雄故事等。要有书中内容的涵盖,也可有自主查找相关资料的补充。设计需图文并茂。图片可粘贴,也可手绘。文字为手写。④展览门票。主题凸显,信息简洁,文案撰写容易让参观者产生共鸣,画面设计有创意,颜色搭配有韵味,排版美观。

这一任务的设计更凸显课程的综合性和实践性,体现学生自主、合作、探究的过程,让学习的外延无限扩大。任务设计体现语文学科与历史学科、美术学科、信息科技学科的融合,这样的跨学科学习增强不同学科间的联系,拓宽边界,超越学科本位,让学习更综合化。

任务三:小组布展,到3~5年级各班级下发展览门票,每天中午进行主题展览讲解。

讲解要求：①每组安排 2~3 名讲解员，对展览内容进行实地讲解；②讲解语言清晰，有感情，适当用手势辅助；③讲解要有礼貌，与小同学有互动感。

这一设计主要体现的是语言交际的过程，体现成果内在与外在的展示过程。学生在实践中学交往、学沟通、学交际，优化自身的言语表达，突出成果外化，突出素养显现。

三个任务，基于学科本位，基于学生学习基础，基于学习兴趣、经验与能力，层层推进，体现自我学习与小组学习的过程，学生在学习中从不同学科视角综合学习和运用多学科、多领域的相关知识和思想方法，整合信息、整合资源，交流讨论、合作实践，探索解决问题、达成目标、完成任务的有效路径，在其中积累言语经验，积累做事经验，积累合作经验，实现不同学科知识、方法、思维、视角多维交叉互动，让学习更有内涵、有价值、有意义，学科素养在真实的体验中逐步形成，课程协同育人功能在丰富的实践活动中体现。

四、学习评价要覆盖全过程

评价是学生对学习过程、学习结果的总结与反思的过程，是促进成长与发展的依据。评价要贯穿在整个学习活动之中，跨学科学习中，教师可从活动前、活动中、活动后学生学习想法的表达、活动参与的表现、完成的学习成果、展示中的表现力、后续的改进方案等方面对学生评价。评价主体也可体现多元，学生、家长、老师都可参与评价；评价可自评、互评，可表格式评价，也可文字性评价；体现过程性评价与表现性评价相结合，真正发挥"评价即学习"功能，帮助学生学习，促进学生进步，在成功与努力之间建立连接。

贯通培养下跨学科实践活动的设计与实施

赵毓婷

跨学科概念的提出最早可以追溯到十九世纪，其整合思想是针对分科教学的学校课程体系割裂整体知识的弊端提出的，跨学科概念强调整合关联学科，促进科目之间的联系。随后的教学研究中，跨学科教学不断深化发展，近年来更是逐步落实到我国教学实践中。2014年教育部印发的《关于全面深化课程改革落实立德树人根本任务的意见》中提出："要发挥各学科独特育人功能的基础上，充分发挥学科间综合育人功能，开展跨学科主题教育教学活动，将相关学科的教育内容有机整合，提高学生综合分析问题、解决问题能力。"《义务教育课程方案（2022年版）》在课程实施中也明确提出要"积极开展主体化、项目式学习等综合性教学活动，促进学生举一反三、融会贯通，加强知识间的内在联系，促进知识结构化"，同时还在课程内容中新增了一级主题"跨学科实践"，力图通过跨学科实践活动促进学科联结，培养学生发现问题、解决问题、构建知识和运用知识的能力，增强学生的实践性体验。另外，在义务教育阶段，学生学习科目较多，学习时间长，如何能够在整个长学习周期中合理、高效地设计跨学科主题学习的具体内容、确立目标定位就成为教学中的挑战。特别是对于贯通培养模式的学校，在贯通培养的背景下合理设计跨学科主题学习，更准确地找到学习目标、清晰地设计活动思路才能够更好地引领学生学习活动的发生，为学生核心素养的落地提供助力。

一、贯通背景下跨学科实践活动的设计

1. 跨学科实践活动的内涵和概念

跨学科实践活动是指为了解决一个问题而创造性地整合不同学科的知识与能力的过程，注重学科之间知识与方法的整合与应用。作为一个实践活动，

这个学习过程强调学生的全程体验，学生要在学习过程中经历持续的探索过程，体验进行设计、实施、评估、反思、修正等过程，在深度参与的过程中发现问题、分析问题、解决问题并进行应用拓展，进而在这一完整的过程中掌握解决问题的一般方法，并能够将所掌握的方法应用于实际问题，提升核心素养。

2.贯通背景下跨学科实践活动设计流程

任何教学内容的设计都是以提升学生核心素养为出发点的，而学生核心素养提升的依据是课程标准（以下简称课标），因而在进行跨学科实践活动设计时必然会参考不同学科的课标。同时，学科课程的学习不能脱离本学科的具体知识内容，因而教材内容也是重要的参考。课标与教材的衔接点即是跨学科主题学习开展的重要方向。在确定具体的学习主题后，就是对实践活动流程的设计，实践活动的发生需要有特定的主线，围绕主线进行具体环节的设计。每个环节的设计要能够围绕主线对学生进行知识的扩充和能力的锻炼。在学生实践的完整过程中，要不断穿插学习过程的评价，即是对学生学习过程的指导，也是最终的评价结果。设计流程如图1所示。

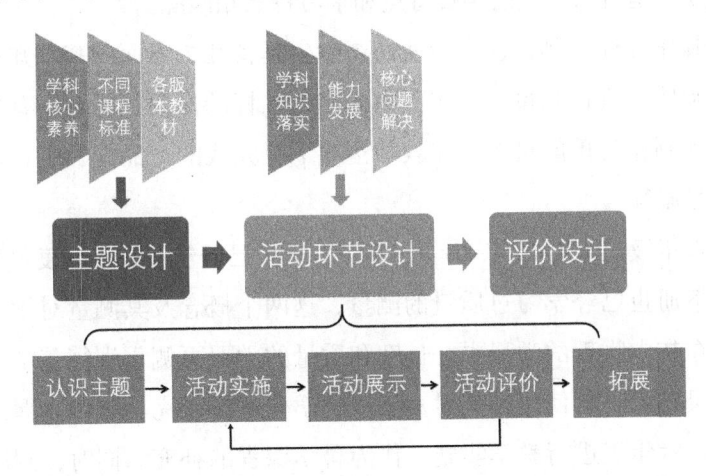

图1　设计流程

在贯通背景下进行实践活动设计时，要特别注意对教材和课标的纵向分析，以"杆秤制作"活动为例，纵向分析物理课标（八年级）、科学课标（六年级）和物理教材（北师大版八年级下册）、科学教材（教科版六年级上册）

可以发现，两者重合部分集中在杠杆的学习上，虽然在不同年级内容要求的深度上是有差别的，但两者重合的部分是合理的整合内容的契机点。

表1 教材内容对比分析

	物理八年级下册（北师大版）	科学六年级上册（教科版）
内容对比分析	一、杠杆 二、滑轮 三、功 四、功率 五、探究——使用机械是否省功 六、测滑轮组的机械效率	1. 紧密联系的工具和技术 2. 斜面 3. 不简单的杠杆 4. 改变运输的车轮 5. 灵活巧妙的剪刀 6. 推动社会发展的印刷术 7. 信息的交流传播

特定主题的选取只是教学活动设计的开端，是否适合进行贯通培养的跨学科实践活动开展还要具体分析其是否具有可行性。

3. 贯通背景下跨学科实践活动的可行性分析

跨学科实践活动是否能够顺利开展依赖于两个方面的共同考量：一是学生的知识储备和能力水平是否能够与活动要求相匹配；二是活动对学生的能力提高要求是否与学生的年龄特点和学习特点相匹配。

以制作杆秤为例，这个活动需要学生具备几个方面的基础知识和能力：对长度和质量进行测量、在实验中摸索出杠杆的作用、能够在有参考的情况下设计和制作简单的机械、在教师指导下对完成的产品能够进行标定、小组合作与交流等。

对六年级的学生而言，小学二年级数学中已经学习过用刻度尺测量长度，三年级下册也已经学习过质量的测量，这两个概念及其测量对学生来说并不陌生。在初中物理的学习中，长度和质量的学习更侧重训练基本实验技能，即刻度尺和天平的使用，这对六年级的学生来讲是完全可以掌握的技能，因而可以在六年级进行教学实施，作为科学课程的补充。同时，刻度尺和天平的测量将学生的科学学习引入到更加细致严谨的方向上，为小初衔接也提供了一定的帮助。

杆秤的制作还需要学生对杠杆的作用进行一定的探究，学生在经历了五年的科学学习后，对通过实验探究科学规律有较好的基础，因而探究过程并不困难。在学生进行了足够的探究并了解了杠杆的作用后,再对杆秤进行学习,会对杆秤进行质量的测量有比较深入的认识。这个过程学生从探究科学原理走入在工具上应用原理,更好地体会工具在操作中的作用。但是杆秤的标定是学生比较陌生的领域,学生通过自行学习很难突破,需要教师给出比较明确的指导,借助学生比较熟悉的测量工具进行演示,能够帮助学生明确标定的方法和意义。

综上,制作杆秤的实践活动是能够在学生已有知识水平和实践能力的基础上为学生核心素养的发展提供向上空间的合理活动。

二、贯通背景下跨学科实践活动的教学实施

开展跨学科学习的基础是学生有相关的基础知识,因而在杆秤制作项目开展之前,要对学生的基础知识进行一定铺垫,对于小学科学教育较好的学校来说,长度和质量的测量学生已经掌握就无需进一步学习,若学生没有相关学习基础,如对用天平进行质量测量不明确,则可以进行基本技能的学习。在有学习基础的情况下,可以顺利开展后续的学习活动。

1. 情景呈现,培养模型意识

结合学生已有经验,在介绍杆秤时,学生会不自觉地将天平与杆秤做对比同样作为测量质量的工具,结构上也有诸多相似之处,而这些相似之处则可以逐步抽象提炼出来形成初步的杠杆模型。

2. 探究与制作,增强分析能力与动手能力

在杠杆、探究杠杆的平衡过程中结合六年级学生的特点,对杠杆平衡条件的学习要求做出了调整,没有学习力臂等概念,更强调在杠杆仅水平方向平衡时学生的感性认识,适应年龄特点降低学习要求。在这个过程中学生表现出了明显的探究兴趣,特别是对数据处理的强烈好奇。在实践制作中学生充分发掘生活中的材料,创意十足,完成了杠杆结构的搭建,锻炼了学生的创新思维。杠杆的刻度标定对学生来说是实践活动的难点所在,同时也是最能够锻炼学生思维能力的环节,在这个过程中能够充分看到学生在解决实际问题方面的努力。

3. 展示与评价，发展高阶思维

学生以小组为单位进行的杆秤展示，主要以展示结构和测量数据为主，锻炼学生的语言表达能力。杆秤制作的活动评价主要依靠评价量表来实现，在展示活动中主要呈现的是成果评价，过程性的评价形成于学生完成制作的过程之中。

表 2　杆秤制作活动评价量规

	指标	行为描述	自评（1/2/3分）	他评（1/2/3分）
过程性评价	查找信息	能够结合杆秤制作，收集相关信息辅助制作		
	分析	能够在实验中分析实验结果辅助杆秤设计		
	制作	能够理解制作目标，收集材料，动手完成制作，并创造性地解决遇到的问题		
	合作	能够在小组中积极讨论、和谐沟通，组内有合适的分工，共同促进制作活动的开展		
成果评价	精确度	在所有小组中精度处于前列		
	量程	在所有小组中量程处于前列		
	美观	刻度均匀，使用方便		

在进行最终展示的过程中，学生会发现杆秤的量程与结构设计有重要关联，如秤砣质量、提绳位置等因素；学生在观察他人展示的过程中也会对自己小组的结构设计产生再思考，为后续进一步调整自己的杆秤提供了依据。

三、贯通背景下跨学科主题学习的教学思考

1. 贯通培养下跨学科主题学习在学生知识与能力提升上的优势

从知识层面讲，学生对抽象的杠杆模型的认识、杠杆的省力作用、杠杆在水平方向上的平衡有比较深入的认识，为学生后续的学习打下了良好的基础。相较于传统的学习来说，对知识认识的深度明显更强。从工程体验上讲，学生体验了较为完整的从探索科学知识到将科学知识转化为工程应用，在完整的工程制作过程中体验到设计、制作、评估、改进的过程，也是工程项目的一般流程，对学生后续的专业发展有所助力。

2. 激发学生兴趣

学生在完成实践活动的过程中体会到充足的成就感（杠杆调平、自己制作的杆秤能够成功称量物体重量），能够强烈激发学生兴趣，使学生对能够进行动手操作和制作的活动有很好的引导作用。

3. 难度提升对学生认知的挑战促进深度学习过程的发生

杠杆实践活动中对学生的数学有一定要求，其中杠杆在水平方向平衡需要学生有一定的计算灵敏度，杠杆的标定对学生的思维能力也有一定难度，需要教师做好课堂引导；将抽象的规律应用到实际的测量模型中也是对学生抽象思维的一大挑战，为了突破这些挑战，学生势必会在实践过程中进行深度思考，这正是实践活动所期待的学生能够有所突破的方向。

4. 学生适应范围

实践活动开展的全过程中，能够看到学生对跨学科实践的适应度有一定差别，大部分孩子能跟上课程内容并在知识上、能力上、情感上有所收获，但是也有一部分学生体验感不佳，在思维能力、动手能力等方面有所不足，进而影响学生在课堂中的收获，出现游离状态。这也是进行类似的实践活动时需要继续思考的问题。

贯通背景下的教学，学生学习周期更长，更加注重学生在完整的教学周期中的全程体验，同时也能够在纵向上更好地将知识联系起来，跨学科实践活动作为落实学生核心素养的有效形式，合理的设计和实施能够更加高效的帮助学生提升素养，为未来的发展做好准备。

基于数学核心素养的跨学科主题教学策略

马丽云

随着核心素养的深化推进，《义务教育课程方案和课程标准（2022年版）》中明确指出：各门课程应用不少于10%的课时设计跨学科学习，加强课程内容与学生经验、社会生活的联系，强化学科内知识整合，统筹设计综合课程和跨学科学习。跨学科主题教学是现行教育模式下避免人为"学科断裂"的有效途径，其教学能将学生置于真实的社会生活情境中，复原完整的知识领域；跨学科在教学目的上关注跨学科视域、逻辑思维、问题解决能力以及创新能力等综合素养。

目前，跨学科学习仍是课程建设与教学设计的薄弱环节，主要表现在两个方面：一方面，学校和教师缺少突破学科边界进行跨学科整合的意愿与动机，缺少开展课程创新的主动性；或教师开展跨学科学习设计缺少资源、制度、教师团队的支持与配合。另一方面，教师具有自主开展跨学科学习设计的意愿，在学校的支持下展开尝试，但是由于缺少跨学科学习设计路径、原则与方法等相关理论的支撑，也受限于自身的专业水平，使得设计与实施中存在一定的问题，或不能很好地回应学生核心素养发展要求，不能引领教、学、评一致地推进。

现阶段，跨学科主题学习成为课程整合探索的典型形式。因而在素养培育视角下对跨学科主题学习的设计展开探讨，能顺应素养时代课程变革的要求，回应国家课程综合化发展的政策诉求。有鉴于此，本文从素养培育的视角出发，将素养培育、跨学科主题学习设计的理论与实践从整合的视野展开思考，推进对跨学科主题学习的理解，提出跨学科教学活动设计关键点，以期为实现优质的跨学科主题学习的设计提供参考与借鉴。

一、跨学科主题的选取要具备适切性

跨学科主题选取是重中之重，针对跨学科学习，不同研究从不同的角度赋予它不同的内涵，但却具备同样的特点：在学习内容上均强调要围绕同一个主题来研究，在学习过程中关注"运用多个学科知识统整教学"。跨学科学习的主题可衍生出对学生具有一定挑战的学习活动，也是核心任务的载体。因此在教师做跨学科主题学习时主题的选取非常关键，要注意选择贴近学生生活的主题；在主题的选择上不仅是应用数学知识，还要伴随着数学知识的学习。也就是说，项目问题驱动了数学学习，学生要在项目中学习数学知识，再用所学数学知识解决项目问题。

例如在数学课堂上依托第十二章《全等三角形》、第十三章《轴对称》的相关知识开展《风筝制作》项目式学习活动，在第二课时的教学中教师注重引导学生从简易风筝面中抽离出筝形，理解筝形的概念；通过全等三角形相关知识探索并掌握筝形的性质，培养学生初步体会几何图形研究的一般思路和方法，进而为其他几何图形平行四边形、圆做铺垫。另外借助图形的探究培养学生独立思考的习惯与合作交流的意识，激发学生探索数学奥秘的兴趣。通过第三课时扎制风筝过程中抽离风筝中骨架的左右对称和重心问题，可以引导学生证明骨架是轴对称图形，提升对垂直平分线判定的理解，增强数学应用意识。通过第四课时利用平移、轴对称等方式设计美丽的风筝图案，体验数学与生活的紧密联系；通过积极参与数学活动，感悟图案中的对称美，培养学生空间想象能力以及审美能力，提升其创新意识。

通过《风筝制作》主题的选取，精心设计一系列的活动引领学生感悟与思考，将数学知识的学习寓于活动的实践中，更能引发学生的深度学习，从而促进核心素养的再发展。

二、跨学科内容设计关注实践性

由于跨学科学习研究的问题主要是现实生活中的实际问题，因此它要求问题的真实性，在设计时才能很好地将学科知识与生活实际相联系。贴近真实情境的跨学科主题学习，与传统教学相比，突破了教室，突破了课堂，会有效利用社会资源，所以能够很好地克服一些基础教育脱离学生自身生活与社会生活的倾向。《风筝制作》项目式学习要求学生独立制作风筝，从扎骨架、绘花彩、糊纸面、绑风筝线等方式真正让学生实践。在该项目的学习中学生将会体验从观念形态的图样与被加工的原材料逐渐趋向结合，直到统一共同转化为劳动的制品，从而验证设计的可行性。通过"做中学"体验数学知识的重要性，获得技术知识，产生设计需求，并在不断完善设计的亲身体验中认识技术和劳动的价值，养成爱劳动的情感和意识。通过借助轴对称绘制花彩的活动让学生从实践中感知轴对称的作用，体会美、感受美、制作美，体会数学来源于实践并服务于实践。

三、跨学科主题设计关注综合性

跨学科项目式学习集各类知识技能于一体，综合性较强，综合性体现在研究领域的综合和学习能力的综合。学生在学习活动中自主搜集了解风筝起源、种类、风筝面、骨架特点、尾巴、风筝线、风筝线轮的作用、风筝的构造与平衡的关系，培养学生自主搜集信息的能力与动手操作的能力；学生通过抽离风筝面的几何图形并对其性质进行探究，在活动中亲历观察、实验、猜想、推理、交流等学习活动，增强分析问题、解决问题的能力，体会解决问题策略的多元化，使学生在数学活动中获得成功的体验。在设计风筝、绑扎骨架、糊风筝面、拴提线的过程中提升设计能力，提高劳动意识、合作意识、责任意识、批判质疑、融合创新、交流反思等综合能力的发展。

四、数学跨学科主题学习关注开放性

跨学科主题学习能够让学生在开放的实践过程中有沉浸式的真实体验，这是跨学科主题学习的优势。开放性即敞开、多样、弹性，它与封闭、单一、刚性相对应。数学跨学科项目学习的开放性体现为三个方面，分别是问题解决策略开放，表征方式开放，成果作品形式开放。

1. 问题解决策略的开放性

对于风筝面几何性质的证明过程中，问题解决策略开放。在解决问题的过程中学生会有不同的思路，也可能会有不同几何图形的抽象，学生都可以自主探究。在制作风筝的过程中学生可根据自己查阅的风筝类型自制自己喜欢的风筝，对于风筝骨架的选择，风筝图案的绘制，风筝提线的绑法学生们都可以依据自己的喜好自行设定，学生在小组独特的风筝制作中不断地思考反思并完善自己的设计。通过问题解决策略的开放性，每个学生都能在其中找到触发思考和活动的切入点，即让每个学生都能真正参与其中，学生也能借助自己已有的经验，扩大自己对于现实问题或数学问题的理解。

2. 表征方式的开放性

跨学科开放性的另一个表现即学生"学习"过程与结果有多种选择和较

强的变通性。例如在项目学习过程中学生有不同的设计方案，不同的材料组织形式，都可以带给学生不一样的体验，在制作与学习过程当中能促进学生综合能力的形成。

3. 成果展示的开放性

在《风筝制作》项目的活动过程中既有小报或 PPT 形式展示的风筝起源、风筝面、骨架特点等资料信息，又有课题研究成果展示的风筝面几何性质；还有学生总结研究汇报，也有最终的实体风筝实践成果。

不过，跨学科教学活动的开放性并不是漫无目的、毫无边界的开放，教师在学习活动的设计中应有基本要求、基本的学科边界，在可控范围内进行适度的开放。

五、跨学科主题学习关注多样化的评价

评价是跨学科主题学习的重要环节，教学目标一旦确定后，教、学、评都应该依照目标来确定，跨学科学习活动的评价不再仅仅是对单一知识技能的评价，在评价中更应关注学生在活动过程中的综合表现。目前跨学科主题研究尚未有成熟、有效的评价机制，还需教师着力探索，笔者认为在此次项目学习的实施中，应注意评价主体的多元化、评价内容的多维化，评价方式的多样化。

1. 评价主体的多元化

跨学科主题学习是连贯性的活动，其实施过程非常复杂，因此评价也应有多个主体来参与，如学生评价、家长评价等，这样才能更好地打破教师评价的局限性。跨学科主题学习可以学生评价，也可邀请家长或者专家等进行评价，丰富评价主体能够更好地评价学习的获得性。

2. 评价内容的多维化

数学跨学科主题学习涉及内容较广，贴近现实生活且综合实践性比较强。因此在跨学科主题学习时教师不仅要关注知识的习得与运用，更要注重学生情感价值观的培养、核心素养的形成、学生参与程度等。教师在评价时不应过于局限，应多关注学生不同维度的发展。

3. 评价方式多元化

数学跨学科主题学习还要关注学生的个性化差异。对应的评价方式不应只有传统纸笔的结果性评价，更应有过程性评价，如活动报告、成长记录等。而且也可以创新评价方式，鼓励学生提出独特的策略和方法。

新课程方案和课标的颁布，为中学数学跨学科主题学习的推行和实施提供了制度措施。在项目式学习提出问题的过程中能够不断培养学生的创新思维，深化对跨学科概念与知识的理解；在规划方案的过程中引导学生体会真实情境下积累的活动经验，感受学科与生活的关系；在解决问题的过程中不断提升其综合能力与跨学科素养；在评价和反思中不断促使学生从碎片知识的结构化与能力的再提升。对笔者来说，跨学科主题式学习的教学实践还处于探索初期，就如何在学生学习过程中给予学生最适切的学习指导，如何在教学实践中更好地落实，依然是个很大的挑战。

依托差异化教学，促进小学英语跨学科主题学习

伍磊　杨灵

《义务教育英语课程标准（2022 年版）》提出，应"提升学生运用所学语言和跨学科知识创造性解决问题的能力"。跨学科学习强调对学生社会生活的还原，让学生在解决问题的真实情境中综合运用相关学科知识。差异化教学的主要理论、框架和实施步骤最初是由汤姆林森教授为了满足天才学生的学习需求而设计的。但随着全纳教育在国际教育领域中的盛行，具有特殊需求的学生和普通学生一起在同一个班级中学习，差异化教学逐渐演变成一种为了满足所有学生学习需求的教学理论和教学方法。如今，人们已普遍认可差异化教学在教学实践中能够满足资优生、学困生或其他有特殊学习需求学生的学习。

跨学科主题学习是运用两种或两种以上学科的知识、方法、观念，综合解决主题聚焦的问题的教学理念。它将"跨学科（transdisciplinary）课程"和

"主题（thematic）课程"两种课程形态结合起来，既立足学科知识之间的关联，又将这种关联拓展到社会生活当中，围绕特定主题整合学生的知识、经验，进行教学设计。

基于教材设计的英语跨学科主题学习活动通常有三种路径。本文中的跨学科主题活动采用的是第一种路径。即以教材某一单元为一个整体，围绕单元主题，以单元内各语篇内容之间的逻辑关联为纽带，设计能够串联各语篇内容的跨学科主题学习活动，即教师以跨学科主题学习任务为统领，设定单元驱动性问题，用一系列跨学科主题学习活动将整个单元的学习内容串联起来，使跨学科主题学习活动与问题解决贯穿整个单元教学的始终。本文以人教版一年级起点《英语》六年级上册 Unit 5 Famous People 为例，依托差异化教学促进跨学科实践活动有效开展。

一、跨学科学习主题的确定

跨学科主题的选择和确定是设计跨学科主题学习的第一步。主题主要来源于课程要求、资源条件等，但最终由学生经验决定。《义务教育英语课程标准（2022年版）》提出，应"提升学生运用所学语言和跨学科知识创造性解决问题的能力"。跨学科学习强调对学生社会生活的还原，让学生在解决问题的真实情境中综合运用相关学科知识。通过调查问卷，发现学情差异，准确定位学习需求。

六年级上册 Unit 5 Famous People 隶属于人与社会范畴。所涉及的主题群包含历史、社会与文化。子主题为：对社会有突出贡献的人物及其事迹。语言技能目标为：能围绕姓名、国籍、职业、成就等介绍某位名人的生平。社会交往（询问与介绍）What do you know about Li Bai? He was Chinese. He was a famous poet. He was good at writing poems. 逻辑关系（原因和结果）Why is Li Bai famous? He is famous for his poems. He wrote a lot of beautiful poems。其他目标包括：乐于了解我国和其他国家著名人物的生平事迹，学习他们的优秀品质；能够通过收集资料了解一些名人的生平信息，并能为他（她）制作信息卡或简介。

跨学科主题学习中"主题"的确定需要关注生活中的真问题，研究学生需要，这里需要明确：学生的兴趣不一定是学生的真实需要。"需要"是指"实然"与"应然"间的差距。通过询问和调查问卷，发现六年级学生不能准确理解"Famous People"的概念，将"歌手""网红"等理解为"Famous People"。因此，我们将跨学科主题定为"制作名人介绍手册"。

二、通过差异化支架工具，解决实施跨学科主题活动问题

跨学科主题活动中常见的问题主要有：第一，学生语言表达困难的问题；第二，对所跨学科内容分析不够，活动设计中思维模式单一，不能达成教学目的。

1.通过差异支架工具，降低学生语言表达难度

创设与实际生活接近的情境，提供真实的学习材料，让学生在完成任务中，运用所学语言解决实际问题是开展跨学科实践活动的意义所在。英语在我国作为第二语言，在实际教学中，达成"用语言做事情"的目标是有必要的前提条件的。只有打下了坚实的语言基础，学生才能够运用语言解决问题。如果学生未能掌握与主题相关的语言表达，进行跨学科主题学习只能是一场空谈。即便有部分学生能够达成用英语语言做事情，也不能达成课标中所强调的教育要面向全体学生的第一条件。

通过有效差异支架工具，降低学生语言表达能力不足的问题具有重要意义。在本次单元的跨学科主题学习中，提供两种差异化支架工具，帮助学生解决语言表达困难的问题。

第一种通过提供主要表达句型支架，促进学生语言表达的规范性和全面性；

第二种提供差异化写作方法，促进学生跨学科主题学习效果。

教师可基于学生之间的差异，多角度设计学习任务单，辅助教材知识的学习，为学生提供多种学习方式，让他们充分利用好学习任务单，使语言学习更有操作性。

```
                    ┌─ Name ──── My favorite famous person is...
                    ├─ Nationality ── He/She was ...
                    ├─ Occupation ── He/ She was a/ an
  Famous People ────┼─ Year of birth ── He/She was born in...
                    ├─ Quality ── He/ She was always...
                    ├─ Achievements ── He/She is famous for...
                    └─ Evaluation ── I think he/she is a...person.
```

在 U5 Famous People 第三课时教学中，设计课堂支架学习单促进读写课堂教学有效开展。在阅读文段后进行的写作环节，教师设计了需要根据思维导图结构，写一篇作文。考虑到学生之间的差异，在设计学单的时候，根据学生的情况设计了 A、B 两个版本。按照汉堡包三段式写作法，给学生提供了句型结构支撑，对于基础差的学生根据他们的意愿，可以选择学单 A，他们只需在句型结构中，填写关键词，即可完成写作内容。而 B 版本是没有句型支撑的，基础好的学生可以根据思维导图几个大的方面来写作，达到迁移创新的目的。

2. 通过对所跨学科内容准确判断，转换教学思维视角，达成跨学科主题学习的目的

教师需要对具体的主题学习任务到底"跨"哪些学科作出判断。在本单元中，基于跨学科立场，可采用英语、语文、美术等学科融合方式。教师可立足具体情况，识别完成任务所涉及的学科具体内容，分析内容与跨学科实践活动开展面临的困难。实际上，在做跨学科主题学习设计时并不是涉及的学科越多越好。跨学科的意义不在于"跨"了多少学科，而在于解决真问题。

其次，跨学科思维是进行跨学科教学的重要条件。所涉及的学科都有自己特有的思维方法。在分科教学之下，不同学科教师在教授知识时，均将所属学科的思维培养作为目的，学生固然也形成单一的学科思维。而进行跨学

科教学，以解决实际问题为目的，在实践中必然要熟知并调动不同学科的思维方法，综合分析处理真实的问题。本单元涉及的跨学科内容主要有：语文学科：关于国内外名人的事迹理解及鉴赏与表达；美术学科：构思手册整体设计及单个写作版面的完成等；历史：名人故事、事件。为达成对不同名人的理解，老师们借助差异化分析工具 KWL 进行调研，进而补充了相关英文阅读材料和相关的中文名人故事材料。

在实践中，通过 KWL 工具，了解学生差异化需求，提供分级阅读材料，补充交流资源。本单元的学习中，教师针对主题"制作名人介绍手册"，确定学生想要介绍的名人情况。编制的 KWL 表格工具，作为预习单。了解到学生们不仅希望了解书本中的名人，还希望认识自己心目中的名人包括：老舍、姚明、乔布斯、张桂梅等等。

K-W-L CHART Name:

TOPIC:

K WHAT I KNOW	W WHAT I WONDER	L WHAT I LEARNED
1. 爱因斯坦 2. 李白 3. 爱迪生 4. 法布尔 5. 徐悲鸿	1. 课本里的人物都有很多优点，他们的优点是否有相同的地方； 2. 除了课本里学习的名人，我还想了解其他领域的名人，我想……作为偶像；	我还想了解并介绍北京作家老舍或者"感动中国人物"中的当代名人。

如：Zhang Guimei

Zhang Guimei, the most beautiful teacher, was born in 1957 in Heilongjiang Province, She started to work as a teacher in 1983. She is kind to all the students and works very hard to help them, But many girls couldn't go to school because their parents had no money.

In 2008, she built the first senior high school to help girls from poor families in Huaping County. These girls could learn for free. And this school sent more than 1,800 girls to universities and colleges. She received the Touching China 2020 national prize in 2021.

跨学科主题学习能够带动本学科教学思路的整体变革，让学科教师更主动地关注社会生活和学生发展。因此，在跨学科教学中教师应当以动态的学科视野以及跨学科的思维方式来看待教学。在面临一个复杂的问题时，突破某一学科定式思维的困围，通过学科内部与外围知识的交叉与融合来整合相关概念、理论等提升实践能力和创新意识。

三、合理设计评价内容，优化学习效果

在评价设计中，要充分考虑到跨学科主题学习的特点。包括更多地注重渗透创新元素，尊重不同学生的个性化差异，探索过程性评价于增值性评价的空间和模式；促进学生在解决问题中反思提升。这样以更加积极主动的方式促进学生知识的丰富与个人素养的提升。

比如在本单元作业设计中，基础好的学生根据自己情况，用气泡图，写出5个名人介绍；也可以融合美术学科，为希望介绍的名人制作名人介绍小卡片，在课堂上与大家分享。这类型的评价可以使学生进行互动性评价的同时，改变以往单一评价的方式，增加了个性化的过程评价内容，促进单元跨学科主题学习完成的效果，在过程中开拓视野，提高学习效率，增强学习动力。

英语跨学科主题学习能够发挥英语学科独特的育人价值，但在教学实践中却存在着很多需要继续探索的现实问题。根据跨学科主题实践的过程中发现的问题，在今后的英语教学中我们会重点关注如下几个问题的解决：一是如何在实施跨学科主题学习中，利用过程性差异化评估提升学生解决问题表达性技能；二是如何创设具有安全感且更为真实的情景，助力英语跨学科主题学习顺利开展；三是如何将语言知识学习与跨学科知识学习有机结合。这些都是今后我们在实践中需要不断探索和解决的问题。

文言文中跨学科教学的现状与对策

刘肖莲

一、何为跨学科学习

《义务教育语文课程标准（2022年版）》中将语文学业质量标准依据义务教育四个学段，将语言运用情境分为日常生活、文学体验、跨学科学习三类，整合了识字与写字、阅读与鉴赏、表达与交流、梳理与探究等语文实践活动，用以描述学生语文学业成就的关键表现，体现学段结束时学生核心素养应达到的水平。

这三种情境体现了语言文字运用的不同场域和课程的不同功能，回应了语文课程目标与课程理念。其中，日常生活情境基于生活、面向生活、为了生活彰显了语文学科的实用性特点。文学体验情境体现的是学校语文教育的主要范畴，针对的是语文课本、课堂、课业中的文学和文化学习，是学生阶段学习语文的主要情境，包括文学作品的听说读写以及文化活动，是有计划、有目的、有组织的学习阶段，彰显了语文学科的审美性特点；跨学科学习情境体现的是语文学科与其他学科之间的沟通和融合，体现语文课程的开放性、综合性和多元化的特点；跨学科学习可以使学生在不同内容和方法的相互交叉、渗透和整合中开阔视野，实现学习的自主性、合作性和探究性，促进现代社会所需语文核心素养的养成。

但其实在教学活动中，所谓"跨学科学习"指的是课堂教学内容涉及的与其他学科的联系。在语文教学中，也可以把跨学科学习理解为其他学科学习的场域，学科学习活动即为在这个场域下借助不同学科应对并完成情境中的问题。

例如部编版初中语文教科书七年级下册第六单元所选课文都和科技相关，其中《伟大的悲剧》《太空一日》《带上她的眼睛》都属于离我们较近的现代科技，并且文体表达上都属于现代文，学生读起来不难理解，也容易与科学、物理等学科进行融合。但是其中关于活字印刷的文章《活板》为文言文，学生理解难度较大。

考虑到跨学科学习也是情境的一种，因此跨学科学习也应该立足于生活中的真实情境，即应该是一种具体"场景"，时间、地点、角色、对象等要素都应该是具体明确的。在教学时设计了以下情境：国庆将至，为传播中华传统文化，学校成立了传统文化的宣讲团，你作为宣讲团的一员，将为同学们介绍活字印刷术的发明，以及使用方法，以班级为单位尝试活字印刷的任务。在这个设计中，"国庆"是情境，"介绍活字印刷术以及使用方法""班级尝试活字印刷"是任务。为顺利完成这两个任务，可以安排三个学习活动，这样整个情境就会在活动开始时呈现，也会在活动结束时完结。在这过程中语文教学活动与历史、化学甚至是数学进行交叉。

活动一：了解活字印刷。学生阅读教科书中关于活字印刷的介绍，了解活字印刷的基础知识，明白活字印刷基本方法。查找资料，充分了解活字印刷产生的背景以及发明的意义。

活动二：学用活字印刷。在活动一的基础上安排学生探究学习活字印刷的操作方法，包括活字印刷材料的准备，各个材料的用途，印刷的程序及注意事项（包括制字、排版、印刷），让学生依据宣传传统文化的情境，以小组为单位在班级进行宣讲，再介绍活字印刷方法时可以用小报（说明书）、视频讲解或者自制活字印刷的方式。

活动三：年级文化宣讲。该活动是任务完成的标志——文化宣讲、小组合作推广中国传统科技。在宣讲时以"活字印刷厂招聘会"为主题，从开店筹备、员工招聘、员工培训、投入运营为主要内容引导学生进行思考与参与。在活动三中"投入运营"环节，充分讨论活字印刷的优点以及其出现和存在的伟大意义。

通过以上三个活动学生充分了解了活字印刷术的操作过程以及优势，学生在学习过程中明白了中华文化的魅力，提高了文化认同感从而增强文化自信。

二、目前在设计上存在的问题

目前的课堂教学中老师们更多倾向于用多媒体展示、角色扮演、游戏比赛、生活展示、实物演示这五种情境创设方式，通过这样的创设方式将语文学习与其他学科学习结合起来。根据调查多媒体展示使用的最多，老师们偏爱用多媒体设备创设与主题相关的情境，许多其他学科的知识通过多媒体的方式进行展示，而忽视了学生本身的参与和发现的过程。

与此同时，实物演示在课堂中的比例最小，但由于实物演示实现难度较大，因此老师们很少使用，同样以《活板》为例，活字印刷术作为古老的科技成就，离我们的生活较远难以身临其境，但是文章中对于活字的创作方法讲解得十分细致，如果条件允许实际操作后会让学生更好地理解古人的伟大智慧，也能让学科真正地参与到科学和手工这样的学科学习中，但在实际的课堂活动中常常是采取视频展示的方式引导学生进行理解和想象。

综上，虽然《活板》的教学活动在开展的过程中极大地激发了学生的学习积极性，让学生对传统科技有了深入的了解与认识，但是《活板》一课作为文言文，我们应如何让跨学科创设既贴合实际又不失文言文本身的典雅，是值得老师们在文言文教学中思考的问题。

例如在《活板》教学中，如何在活字印刷有趣的讲解中让学生学习文言文的表达方法，让文言文不那么枯燥是老师们面对的问题。为了解决学生对文言文的畏难情绪，我们在设置"欢度国庆，传播中华文化"这个大情境之下，在年级宣讲环节创设了"活字印刷厂招聘会"这样的小情境，结合历史、美术以及管理等学科，以游戏的形式引导学生去读文言文，理解注释。具体实施过程如下。

师：欢迎大家来到"活字印刷厂招商会"，请通读文言文，做好开业准备，思考你准备购置哪些材料？

生：胶泥、松脂、蜡、纸灰、纸张、刻刀、笔墨、柴草……

【设计意图】引导学生根据文章内容归纳制作所需材料，此外也能根据对文章的理解进行迁移，融入自己的理解。例如"笔墨、柴草……"这些是文中没有的，学生根据自己的理解列出的，极大地扩展了学生的联想能力。

师：材料准备好后，需要进行员工招聘，请问在场的各位有谁想应聘该岗位，并说出自己的优势。

生：有创新意识、识字、有文字功底。

师：还有没有补充？请同学阅读文章说一说还需要哪些能力？

生：了解雕版印刷术、会刻字、熟悉韵部。

【设计意图】引导学生细致阅读文章，了解进行活字印刷的条件，并通过拓展资料明确毕昇发明活字印刷术的原因。

师：读了文章能否请你为新员工做一次员工培训，并提醒其在印刷过程中的注意事项。

生：我将从制字、排版、印刷三个方面进行培训，制字时原料为"胶泥"、活字厚度"薄如钱唇"、每字为一印、火烧令坚……

【设计意图】通过员工培训引导学生先整体把握造字过程，再细致说明每一步所需步骤以及注意事项，在讲解中展示自己制作的小报，逐步讲解活字印刷的步骤，有能力的同学现场现实活字制作过程。

总体来说，在这一活动中让学生对文章进行了细致研读，并通过对活字印刷过程的介绍诵读、翻译文言文，立足文本进行解读。笔者在设计过程中尽可能地创设具体可行的跨学科学习情境，但对于文言文这一文体稍不注意就会变得枯燥，因此，笔者在设计时也面临这样的问题，在第一课时的设计基本是常规教学，无法很好的将跨学科融合运用。

三、解决的对策

1. 根据学情，跨学科学习张弛有"度"

教育心理学家奥苏贝尔说："影响学习最重要的因素是学生已经知道了什么，教师应根据学生的原有知识进行教学。"因此在不同的学习阶段进行文言文教学时应采用不同的跨学科学习方式。例如在为学生讲解部编版六年级上册第七单元《文言文二则》时，考虑到小学阶段的学生接触的文言文较浅，对于注释的关注程度较低，因此自主学习的能力较弱，老师在教学时运用思辨思维进行引导，使学生们在阅读的过程中深挖其中的思辨元素和人生道理，由此来实现深入学习。在具体的教学方面，教师需要引导学生们通过成语典故及内容，感受到"知音难觅，知己难求"以及"勤学好问""不耻下问"的道理，由此渗透哲学相关知识。在此基础上，教师可以引导学生思考日常生活中可以应用这一哲理的一些故事案例，由此来实现延伸思考。相较于传统单一的教学模式，通过将思辨知识融入小学语文课堂教学活动中，实现对学生思维层及思想层面的有效引导，使他们树立更加健全的三观及认知。相比于初一年级的教学，小学阶段跨学科的选择以思维提升为主，初中生以学生具体能力的展示和应用为主。

2.任务拆解，主次分明，有的放矢

对于开展跨学科学习而言，学习的周期非常关键，周期太长或太短都不利于学生的跨学科学习，为做到有效的学习，在开展跨学科学习时要做到主次分明、目标适当，在教学中教师需要对跨学科学习任务进行拆解。以统编版教材中与音乐、历史、科技相关的文言文内容为例，教师在开展课堂活动过程中可以适当融入相关知识，密切联系跨学科内容来丰富教学内容。具体来看，在语文课文中尤其是文言文中有着许多的历史知识，因此教师可以通过讲好历史故事来丰富课堂内容，提高课堂内容的趣味性和丰富性，有效拉近语文学科知识与历史学科知识之间的距离，从而建立更加系统的知识框架。

例如，在讲解部编版六年级上册第七单元《伯牙鼓琴》时，教师可以先为学生讲述关于钟子期和伯牙的传说，并讲解有关《伯牙鼓琴》的不同历史记载，丰富学生对伯牙与子期的了解，并为学生讲解《高山流水》的创作由来，在课堂上可播放这首音乐，带领学生进行欣赏，丰富课堂内容。由于小学生对于资料的把握与选取还存在一定的不足，可以以老师分享为主。再比如讲解部编版七年级下册第六单元《活板》时，可先让学生自主分享关于活字印刷术的相关历史由来，并介绍发明者毕昇，老师相机为学生介绍雕版印刷术，介绍中国四大发明之一"印刷术"的历史，并带领学生了解中国的四大发明，增强文化自信。这样能够使学生树立正确的历史观念，还可以加深对相关内容的学习兴趣，由此来提高课堂教学效果。

3.进行评价，提升教学效果

没有评价就不知道跨学科学习的效果。由于跨学科学习具有周期长、重实践的特点，因此教师可以采用"作品化"评价和过程性评价。尤其是在文言文教学中，"作品化"评价能直接看到学生的理解效果。例如在教学《活板》一课时，学生制作属于自己的活字印刷说明书或者员工培训指南，再比如学习《伯牙鼓琴》后学生根据自己的理解改编剧本，形成舞台剧，这样作品化呈现让文言文的教学成果可视化，将语文学科与音乐、美术、历史相结合，既丰富了课堂学习方式也提升了学生对文言文学习的兴趣。

在当前教学改革的大背景下，语文教师要转变教学理念和教学方法，树立发展意识和创新意识，在文言文教学中能够积极学习并应用多学科知识来丰富语文课堂内容，打破传统对待文言文的印象，让文言教学既能立足文本也能生动有趣，激发学生活力，使学生在学习文言知识的过程中感受到美术、音乐、科学、历史及哲学等多方面知识，由此来形成更加健全完善的知识框架。因此，实现跨学科教学，不仅能为学生带来丰富有趣的课堂活动，还可以促使老师们树立终身学习、永远创新的观念，由此提升自己的教学质量及教学水平，同时也有利于推进教育教学新理念的落地与实施。

第四章 跨学科的实施路径及开发策略

一、跨学科的实施路径

（一）设计"项目+问题"式主题，扩大跨学科思维的应用范围

"项目+问题"是一种以实际社会问题为导向的主题设计，可以帮助学生在实践中学习知识和技能。教师可以通过设计项目，引导学生在实际情境中学习，并将不同学科领域的知识和技能融合到项目中。在该模式下，学生根据某个主题或问题，结合所学学科知识和技能，进行实践活动，并在实践过程中不断完善和调整自己的方案。这种方式可以培养学生的实践能力和综合应用能力，扩大跨学科思维的应用范围。"项目+问题"式主题设计可以跨越学科边界，拓展学生的知识和技能。通过综合性的项目设计和问题解决，学生可以结合不同学科的知识和技能，解决实际问题。这样的设计可以帮助学生深入了解学科之间的联系，扩展应用的范围，从而增强跨学科思维的能力。并且，这种主题的设计可以使学生理解学科知识的实际应用。通过实际问题的解决，学生可以将所学的学科知识应用于实际场景中。这样的学习方式可以帮助学生更好地理解学科知识的实际应用，促进学生的实际应用能力的发展。首先，选择一个和学生生活密切相关的、有实际意义的主题。其次，在项目的基础上，提出一个或多个问题，教师可以从学生的实际生活经验出发，挑选一个与学生有关的现实问题，引导学生进行跨学科研究和探究。学生可以从不同学科中获取信息，探索问题的根源、原因和解决方法，同时将所学知识和技能应用于实际问题中，加深对知识的理解和掌握，同时这也需要学生结合所学的不同学科的知识和技能进行深入研究和解决。

（二）开展社区学科实践主题活动，加强跨学科资源的具身体验

教师组织学生结合所学学科知识和技能，到社区中开展志愿服务活动。通过服务活动，学生可以更好地了解社区中的社会问题，并学习如何解决这些问题，同时也可以在实践中加强不同学科的互动。根据学习目标，设计实际的学习活动，使学生能够通过实践活动体验学习过程。社区学科实践活动可以让学生感受到学科知识的实际应用价值，增强学生的学习兴趣，通过社区学科实践活动，学生可以接触到更多不同学科的知识，拓宽视野，培养跨学科思维。

具体而言，一是社区服务场域可以提供实践机会，让学生在实际场景中体验所学知识和技能。二是社区服务场域可以提供跨学科资源的具身体验。社区中有许多资源可以用于跨学科学习，如博物馆、图书馆、艺术中心等，通过参观这些场所，学生可以获得关于自然、历史、艺术等多个学科的知识，并可以在实践中应用所学的知识和技能。三是社区服务场域可以促进跨学科合作和交流。四是可以提供跨学科问题解决机会。在社区服务活动中，学生可以发现社区中的各种问题，如环境问题、社会问题等，通过调查和研究，结合所学的不同学科的知识和技能，提出解决方案。这样的问题解决过程，可以促进跨学科思维和应用能力的培养。在实践活动中，学生可以通过参与社区服务、实地考察、实验研究等方式，接触到多种学科的知识和技能，加深对学科间的联系和融合的理解。

（三）建立社会资源与个体学科知识的互联，培养学生跨学科思维

通过社会资源与学科知识的互联，学生能够从多个学科的角度思考问题，并能够运用多学科的知识去解决问题。通过将社会资源与个体学科知识相结合，学生能够在实际的环境中感受到学科知识的实际应用，加深对学科知识的理解。通过将社会资源与个体学科知识相结合，学生能够更好地理解学科内容，并能从多个角度思考问题。通过实践活动，学生能够体验到学科知识

在社会实际中的应用,并能够从实际中学习知识。此外,社会资源的综合使用能够帮助学生了解学科间的关系和联系,并能够从多学科的角度思考问题。

二、指向思维培养的跨学科实践活动开发策略

(一)聚焦思维,指向科学思维培养

科学思维是核心素养的重要组成部分,是公民科学素质的重要内核,也是高科技人才特质的基本要求。物理、化学、生物这三大科学学科义务教育段的课程标准都将科学思维作为学科重要的核心素养课程目标,对其进行了具体阐述。物理学科思维提出要注重帮助学生形成模型建构、科学推理、科学论证、质疑创新的思维模式。化学学科思维是基于实验事实进行证据推理、建构模型并推测物质及其变化的思维能力,在解决与化学相关的真实问题中形成的质疑能力、批判能力和创新意识。生物学科思维要求学生要基于证据和逻辑,运用比较、归纳、演绎、综合、建模等方法,对既有观点和结论进行批判审视、质疑包容,乃至提出创造性见解的能力和品格。由此,理化生三科共同的、关键的科学思维包括:科学推理、模型建构、批判质疑、创新思维。跨学科实践活动设计的思维核心指向即这几种科学思维,应以科学思维培养为出发点和落脚点,为实践活动设计及实施提供指南。[1]

(二)梳理知识,探寻跨学科融合点

各学科课程内容是跨学科实践活动实施的重要内容载体。因此我们需要对初中物理、化学、生物三个学科,结合教材内容和课程标准的内容要求,对其知识体系进行梳理,并分析可以融合的知识点。如生物中呼吸作用与物理中气压相关知识相融合,用气压的知识来解释生物中的呼吸作用;物理中水的三态变化与化学中水分子的运动相融合。又如生物中有种子结构和发芽条件的探究,物理中有测量种子的密度,化学中则有学习计算和配制一定溶

---

[1] 杨乐,李琳.指向初中生科学思维培养的跨学科实践活动设计 [J].山东教育(中学)(7-8):92-94.

质质量分数的溶液，以"选种子"这个融合点，通过配制一定溶质质量分数的溶液，选出优质种子，对比发芽率，将理化生知识融合，促进科学思维发展。

（三）创设情境，设计真实问题

跨学科实践活动的核心是解决跨学科实践主题中一系列相关的真实问题。因此，问题是贯穿整个实践活动的主线，问题设计是跨学科实践活动设计的重要一环。这里需要强调的是，问题的设计必须要与科学思维的培养建立内在关联，即需要明确每一个问题解决承载的科学思维。这既保证了问题解决的科学性和可行性，又能有效落实跨学科实践活动中培养初中生科学思维的目标。由于跨学科实践活动是在真实环境下解决真实问题，而真实世界通常是复杂的，这就需要教师能从复杂问题中抽取学科关键特征，将问题落到关键点上，同时也要保证问题思维容量，保证能有效承载科学思维。问题通常始于问题情境。事实上，在跨学科实践活动中，孤立地抛出问题，往往得不到学生的积极反应，从而影响了跨学科实践活动的效果，甚至导致跨学科实践活动无法顺利推进。虽然跨学科实践活动的主题是来源于社会生活的真实内容，但是还需要将主题结合问题，"包装"真实的活动情境。

（四）设计活动，落实思维素养

跨学科实践活动是比较复杂的学习活动，因此需要结合科学思维培养类型和跨学科实践活动类型设计跨学科实践具体活动，将整个实践活动根据问题解决的过程和需要，拆分为几个具体的子活动。跨学科实践是"学用合一"的问题解决过程。因此在设计跨学科实践活动时，应合理规划活动进行的内在逻辑顺序，保证学生在活动过程中应用科学思维的连续性和深度。学生以小组为单位，通过有序完成各子活动任务，解决所有具体问题，完成整个跨学科实践活动。

跨学科实践活动都是围绕特定的主题来开展的，关注科学思维培养的跨学科实践活动需要以一个合适的主题为统领，让学生能有效应用各种科学思维，从而较为顺利地完成活动的各项任务。因此跨学科主题提炼是设计跨学科实践活动的重要前提。一般来说，跨学科主题都来源于真实的科学、技术或社会生活领域。我们可以从以下几个方面来提炼跨学科主题。

一是寻找学科交叉点。尽管物理、化学、生物等学科都有自己独立的内容体系，但是它们都指向认识客观存在的现实世界，其内容之间本身就有着千丝万缕的联系，甚至在学习中存在互为基础、补充或拓展的关系。比如生物科学中近视眼的形成原理，就是物理中的凸透镜成像，可以"近视成因及矫正"作为实践主题，进行生物和物理的跨学科实践。又如将生物中的呼吸运动和物理中的压强知识融合，用压强知识分析呼气吸气的原理；将物理中水的三态变化和化学中分子的特征相融合，从分子运动的微观视角解释三态变化。

二是挖掘真实生活中的问题。来自生活中的真实问题通常都具有复杂性，往往与多学科有关，可以结合学生科学思维发展需要，从这些真实问题中提炼跨学科主题。比如生活中通常用加酶洗衣粉洗衣服，其中的酶属于生物学上的催化剂，而用洗衣粉洗衣则属于化学中的表面活性剂工作原理的应用，这两者结合可以提炼"探究加酶洗衣粉的洗衣效果"这一跨学科主题。又如生活中的葡萄酒，既与化学中的自制酸碱指示剂相关，也与生物中细胞液泡结构中含有细胞液（包括花青素、糖类等）等密切相关，可以"揭秘真假葡萄酒"作为实践主题，进行化学和生物的跨学科实践。

三是查阅文献资料。科学文献资料中通常会有很多科技前沿甚至有趣的生活问题，可以从这些相关的背景资料出发，提炼跨学科实践活动主题。比如仿生学研究是科学研究的热点领域，基于仿生学的飞机设计是其中一个重要的方面。可以提炼设计"仿生冲浪纸飞机"，其与物理上的运动和力以及生物体结构密切相关。

跨学科实践活动是对长期以来实施分科课程的一次改进，是当前时代和社会背景下人才培养的必然要求。作为新时代的教师，我们要明确跨学科实践活动的内涵和意义，积极学习开发和实施跨学科实践活动的思路和方法，不断完善跨学科实践活动实施的支持体系，充分发挥跨学科实践活动在发展学生科学思维以及综合解决问题能力等方面的价值。

后 记

作为《义务教育课程方案（2022年版）》五个基本原则之一，"变革育人方式，突出实践"不仅是在新的历史起点上落实立德树人根本任务的重要举措，还是对"怎样培养人"这一根本性问题的具体回答。以学科实践为中心，以学科基本思想、基本结构为基础，引领学生"像学科专家一样思考和实践"，这是学校未来需要进一步优化的育人蓝图，也是一次教与学方式的迭代升级。本研究正是学校基于"实践导向"的理念，开展适合学情又彰显学科本质的教学实践活动的探索成果。

本研究旨在系统总结课程整合下的学科实践活动的探索成果，全书分上中下三篇、共12章。上篇是指向核心素养的学科实践活动，从学科实践的本质及发展、素养导向下学科实践活动的探索、基于新课标的学科实践活动探索、学科实践活动的实施路径及策略四个方面展开；中篇是基于单元整体的学科课程整合，从单元整体的理解及实施、大概念统领的基于主题意义的单元教学、以学科实践活动为载体的单元整体作业设计、基于学习任务群的单元整体教学四个方面展开；下篇是新课标视域下的跨学科实践活动，从跨学科的由来、特点及价值、跨学科的课程整合实践、跨学科的教与学实践、跨学科的实施路径及开发策略四个方面展开。

本研究是学校集体智慧的结晶。鲁爱茹校长对本研究作了全面部署，对全书的框架做了系统设计；赵春艳副校长对本研究的开展、实施、集结等做了大量的协调、组织工作；黄再丽等25位教师参与了本书的撰写，对大家的付出与贡献表示感谢！落实新课标精神，"变革育人方式，突出实践"、推进教与学方式的迭代升级是个系统工程，学校的实践探索只是阶段性成果，还有待进一步深化，希望得到大家更多的支持与帮助，持续促进学校创新特色发展。